新版

# 必ず誰かに話したくなる 心理学 99題

渋谷昌三 監修
岡崎博之 編・著

宝島 SUGOI 文庫

宝島社

# 新版のためのまえがきにかえて

心理学を知らなくても、人付き合いはできるとか、自分自身を探索したり、人の気持ちを理解したりすることができると豪語する人がいるかもしれません。しかし、自分の判断が間違っていることに気がつかなかったり、人づき合いがうまくいっているると思っていても、それが独り善がりだったりすることがあります。

心理学は科学的な研究を通して、人の心を客観的に分析し、理解するものです。本書で紹介している心理学の実験や調査研究を学ぶことで、これまでの「人の心はつかみどころがなくて、よくわからない」という先入観が取り払われるはずです。

「目から鱗《うろこ》が落ちる」（『新約聖書』の「使徒行伝」から出たことばで、本来は目に障害のあった人がちょっとしたきっかけで視力を回復するとの意味）といいます。同じように、長い間、解決できなかった問題でも、心理学の知見がきっかけで心の視力が回復し、物事の本質がよく見えるようになるはずです。

本書を読んでいただければ、自分のなかでもやもやしていた悩みや疑問を明確にしたり、逆境を乗り越える道筋を模索したり、複雑な人間関係を改善したりするときに光明が見いだせるはずです。

令和三年四月

渋谷昌三

# 新版　必ず誰かに話したくなる 心理学 99題＊目次

## Part 1 幼少期心理編

## Part 2 恋愛心理編

## Part 3 ビジネス心理編

本文イラスト＝森田ＭｉＷ＋工藤六助＋柴崎ヒロシ＋佐古百美＋田中桐子（初出順）　本文ＤＴＰ＝ケイトレイン

# INTRODUCTION　よりよい人間関係を築くために

　総務省の調査によれば、「他人とコミュニケーションが取れない。あるいは、苦手だ」と考えている人の数は年々増加傾向にあるそうです。たしかに「わが子を愛することができず虐待に走ってしまう母親」「携帯メールやチャットで会話はできても、面と向かうと一言もしゃべることができない若者」「会社という団体生活にとけ込めない新入社員」「相手に気持ちを打ち明けることができない恋人たち」といった話をよく聞くようになりました。なぜ、現代人はこれほどまでに他人とコミュニケーションを取ることが苦手になってしまったのでしょうか?

　その理由のひとつとして、相手の気持ちをつかむのが下手になったことが挙げられるのではないでしょうか。学校教育の現場では無機質な「読み書き」ばかりを学習させ、人の話を「聞く」、自分の気持ちを「話す」という活きたコミュニケーションが学びにくい環境になっています。また、核家族化や隣近所との付き合いを疎ましく思う家の孤立化によって、人間関係が希薄になっています。人と接する機会が減れば、人の気持ちをつかむのが下手になるのは当然のことです。

では、どのようにすれば人の気持ちを上手につかむことができるようになるのでしょうか？　ズバリ、相手の無意識の行動のなかから気持ち（本音）を知る練習をすればいいのです。

思い返してみてください。あなたはすべての行動を意識してやっていますか？

もちろん「ノー」ですよね。

髪の毛をかきあげる、ボールペンを口にくわえる、机をコツコツと叩く、貧乏ゆすりをする……意識してやっていることよりも、無意識のうちにやっていることの方が圧倒的に多いはずです。

「とても小さな穴からでも日の光を見ることができるように、小さなことが人の性格を浮き彫りにする」イギリスの作家、サミュエル・スマイルズはこういい、かの有名なフロイト博士は「人間の真の欲求は無意識下にある」といいました。そう、人は無意識のうちにやっているささいなしぐさに自分の心の裡をさらけ出しているのです。つまり、あなたの子どもや恋人、そして会社の上司や取引先の担当者も、無意識のうちに表情やしぐさで本音を語っているということ。そのサインを上手につかみ、相手の気持ちを知ることができるようになれば、コミュニケーション能力は確実にアップします。

本書は三部構成となっています。「幼少期心理編」では、あなたの子どもがどのような性格なのかを知る方法（それはまた、子どものときのあなたを知ることでもあります）や、子どもとの接し方を。「恋愛心理編」ではあなたの愛する人が何を考え、どのようにアタックすればいいのかを。そして「ビジネス心理編」では、上司や取引先の担当者が、本音では何を考えているのかを知るためのノウハウを紹介しています。しぐさや好みを注意深く観察すれば、相手が何を考え、あなたのことをどう思っているのかはある程度わかります。それを理解した上でコミュニケーションを取るようにすれば、必ずうまくいくでしょう。

読んでいただければ、きっと身の周りの人にも話したくなるはずです。

編者

# *Part 1*

# 幼少期心理編

子どもの心は何も描かれていないキャンバスです。
そこに性格や感情の基調《ベース》を描いてあげるのは親の仕事。
もし間違った描き方をすれば、子どもはそれを
一生引きずって生きていかなくてはなりません。
細心の注意を払って素敵な絵を描いてあげましょう。

01
幼少期心理編

# ヘビースモーカーはおしゃぶりが忘れられないだけ

乳離れに失敗すると、人は「口唇期」に固着します。大人になってからも唇に触れるものを手放すことができず、ついついたばこを口に運んでしまうのです。


「意志が弱いからやめられないんだよ」

「ニコチン中毒のせいだよ」

禁煙に失敗するヘビースモーカーはいろいろと言い訳をします。しかし、たばこをやめられない本当の理由は、赤ちゃんの頃、お母さんが口に入れてくれたおしゃぶりが忘れられないのです。

これを精神分析学用語でいえば「口唇期に固着している」となります。固着とは心幼少期の発達段階において学習されるべき体験が不十分な場合、いつまでもその段階に踏みとどまることをいいます。

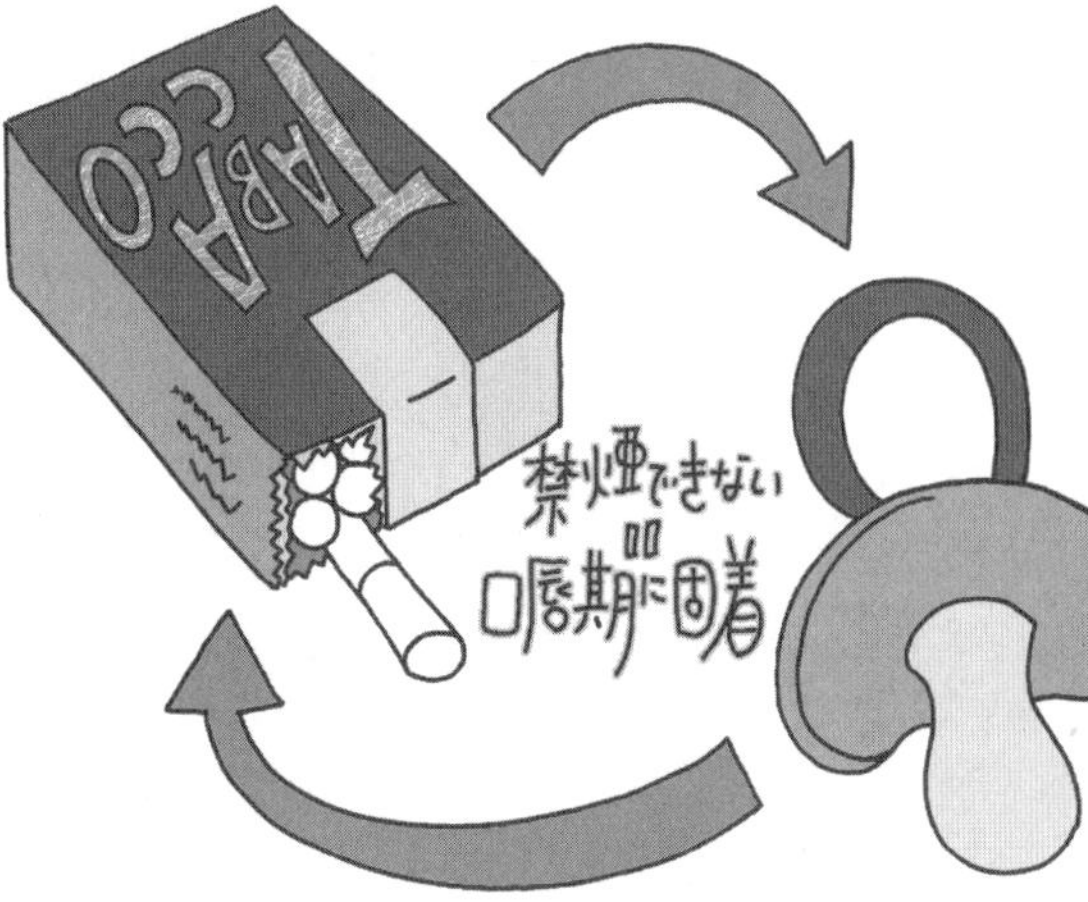


「口唇期」とは、心理学者のフロイトが、乳児が唇に快感を得ると考えた生後18カ月前後までの時期を指します。

この時期、乳児は母親から乳を与えられ、乳首を吸うという行為を通して食欲や心地よさ、安心感を満たします。しかし、お母さんのお乳を常に吸えるわけではないので、乳首のかわりに「おしゃぶり」や、さまざまなものを口に運んでしまう行為で欲求不満を解消します。

そして、乳離れが早すぎたり遅すぎたりした場合「口唇期」に固着し、成人になった後も唇に強い愛情を感じるようになります。

簡単にいえば、唇に触れる物を手放すことができないのです。喫煙はそのひとつの手段でしかありません。人によってはそれがアルコール（瓶を口につける感覚）の場合もありますし、指や爪、はたまた女性の唇や乳首そのものの場合もあります。

禁煙した人が必ず口にするのが「何となく口寂しいのよね」という言葉です。しかたなくアメ玉をしゃぶって気を紛らわせている方も多いようですが、たばこもアメ玉も赤ちゃんの頃に口に入れてもらっていたおしゃぶりと同じことなのです。

もしあなたの恋人が、あなたの乳首や唇にキスをするのが大好きだとしたら、あなたの恋人も「口唇期」に固着している証拠です。彼はあなたに対し「母性」を強く投影しています。つまり、彼にとってあなたは母親なのです。

02

幼少期心理編

# 高層階に住んでいると子どもは自立が遅くなる

都会のど真ん中に次々と完成する高層マンション。ステータスは手に入るものの、失う物も少なくありません。とくに子どもがいる場合には、あまりお勧めできません。

最近はあちこちに20階を超えるマンションが建つようになりました。このような超高層マンションは経済的な豊かさを感じさせるステータスシンボルとして人気が高いそうです。

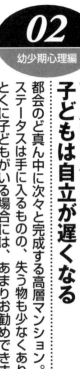

しかし、このようなマンションの高層階（6階以上）に住む子どもたちは、低層階（5階以下）に住む子どもたちよりも自立が遅いことがわかっています。

東京大学医学部が高層マンションに住む6歳以下の子どもたちを対象にアンケート調査を行なった結果、自分で洋服を着ることができると答えた子どもの割合が低層階では79％だったのに対し、高層階では48％。同様に靴が自分で履けると答えた子どもの割合は、低層階では82%だったのに対し、高層階では48%にとどまりました。

調査項目は11に及びましたが、そのすべての項目で、高層階に住む子どもたちのポイントは低層階の子どもたちよりも低くなりました。

これは高層階に住む子どもほど外出する機会が少なく、親の干渉を受けやすいためだと考えられています。

イギリスでは１９７０年代に同様の調査が行なわれ、マンション

の上層階に住んでいる母子は心身症になりやすいという傾向が判明していました。

イギリス政府はこの調査結果を受けて公営の高層住宅の建設をストップし、2人以上子どもがいる家族には、庭のある家を斡旋しました。

高層マンションは大人にも微妙な心理的影響を与えます。10階以上の高層階を選ぶ人は上昇志向が強く、まわりの人を見下す傾向があるようです。また、好き嫌いが激しく、隣人との付き合いを避けたがるという特徴も指摘されています。

高層階に住んでいると無意識のうちにストレスがたまるため、引っ越しをしてきてから、イライラしたり情緒不安定になったという人も多いはずです。設備もすばらしく夜景も美しいでしょうが、高層マンションは人に優しいとはいえません。

03
幼少期心理編

# 子どもを甘やかして育てるとストーカーになる

好きな人に振り向いてもらいたいのは誰もが持つ恋愛感情。恋とストーキングの違いは相手を理解しているかどうか。人を理解できる子どもにするには、甘やかさないことです。

2000年11月に、いわゆるストーカー規制法（「ストーカー等の規制等に関する法律」）が施行されたのは皆さんもご存じの通りです。ときには殺人事件にまで発展するケースもありますから、たかがストーカーとは侮れません。

『人はなぜストーカーになるのか』（文春文庫PLUS）の著者、故・岩下久美子さんは、「ストーカーの愛情欲求は3、4歳レベルである」「子育てによる虐待と過保護。相反する極端な子どもへの接し方がストーカーを生む」と記しています。

ストーカーになるのは、親にすべての責任があるというわけではありません

が、彼らはまるで母親の愛情を無心に求める子どものように、相手に対する思いを募らせることがあります。

好きな人に会いたい、振り向いてもらいたいという気持ちは、恋をした人なら誰にでもあります。独り占めしたいという気持ちになることもあるでしょう。

この、誰もが持つ恋愛感情とストーカーのどこが違うのかといえば「相手が嫌がっているかどうか。そして、それが理解できるかどうか」という点です。

小学校高学年になると、人は相手

の立場も考えながら物事を判断できるようになります。これを「相対的関係性の認知」といいます。相手の立場を考えることによって、人には思いやりや優しさが生まれます。

ところがストーカーになる人はその認知度が低く、自分の愛情欲求ばかりが先走ります。「妄想性認知」といい、実際には相手が恋愛感情を持っていないにもかかわらず、本人は愛されていると信じて疑いません。そして、まわりの人が指摘しても訂正することはありません。

しかし現実には相手は振り向いてくれません。そこで現実と妄想の溝を埋めようとして、ストーキングを始めるのです。

子どもをストーカーにしないためには相手の立場に立ってものを考えることの大切さや、何でも思い通りにはならないことを教え、我慢することを覚えさせることです。

04

幼少期心理編

# 幼児虐待の傷跡は次の世代にまで受け継がれてしまう

虐待を受けた子どもは無意識のうちにまた子どもを虐待します。悲劇の連鎖方程式を止めるのは、親の忍耐と愛情です。子どもに負の遺産を残さないように注意が必要です。

近年、幼児虐待に関するニュースをよく目にするようになりました。暴力的な両親の手から救い出され、施設に保護される子どもの数は年々増加の一途をたどっています。

しかし、保護されたからといって安心するわけにはいきません。親から虐待を受けた経験を持つ子どもたちは心に大きな傷を負い、歪んだ人間関係を持つことがあるからです。

家の中で接する唯一の相手から虐待を受け続けた子どもは、成人してからも自分を傷つける人を愛しがちな傾向にあります。傷つけられたことしかないため、そのような相手に安心感を抱いてしまうのです。

ほかにも幼児虐待を受けた人たちは、自殺願望、過食、対人恐怖症などに悩まされることがわかっています。

しかし最も深刻なのは、幼児虐待を受けた人たちのなかには、無意識のうちに自分が受けたのと同じような接し方を子どもにしてしまう人が多いということです。つまり自分がされたように、自分の子どもも虐待してしまうのです。

このように幼児虐待は無限の連鎖を生むことを知っておいてください。

05
幼少期心理編

# 矛盾することを言っていると、子どもは自我が崩壊する

子どもはあなたに愛されようと必死に努力しています。あなたが矛盾したことを言うとどうしたらいいかわからなくなり、人間不信に陥り、やがて自我が崩壊してしまいます。

「太郎君、こっちへおいで。だっこしてあげるから」

積み木遊びをしていた太郎君は喜んで立ち上がりました。そのときちょうど電話が鳴りました。出るとあなたの友人です。近付いてきた太郎君に対し、あなたはつい「後にして」とぞんざいに言ってしまいます。

それを聞いた太郎君はダブル・バインド状況に陥ってしまいます。ダブル・バインドとは二重拘束ともいい、矛盾した2つのメッセージを同時に送られることをいいます。

「おいで」と言われて来たのに「後にして」と拒絶された太郎君は、どうした

らいいのかわからなくなってしまいます。
このダブル・バインド理論を唱えた人類学者ベイトソンは、親からダブル・バインドメッセージを受け続けた子どもは人間関係に不信感を持ち、最悪の場合、自我が崩壊してしまうこともあると警告しています。
ダブルバインドの状況に置かれた人は、①しゃべらなくなる。②相手の話を聞かなくなる。③その場から逃げ出す、という3つの反応を示します。もし、子どもがそのような反応を示したら、自分の言っていることに矛盾がないかたしかめてみてください。

06

幼少期心理編

# 子どもが制服の仕事に憧れるのはなぜか

子どもたちがパイロットや警察官に憧れるのも、私たちが交通誘導員の指示におとなしく従うのも理由は同じ。私たちは制服に弱くできているのです。

幼稚園児や小学生に「将来何になりたい？」と聞くと「パイロット、電車の運転士、警察官、看護師」と、だいたい同じような答えが返ってきます。子どもたちが選ぶ職業にはひとつの共通点があります。そう、「制服」を着ているということです。なぜ子どもたちは制服の職業に憧れるのでしょうか？

制服を着た人は、その制服を着た集団が持っているイメージでとらえられます。たとえば看護師なら白衣から笑顔や優しさをイメージしますし、警察官なら悪者を退治する正義の味方です。

つまり、子どもにとって仕事の内容を特定しやすいために、制服の職業が口から出るということ。その職業のイメージがよければなおさらです。

子どもだけではなく、大人も制服から心理的影響を受けます。たとえば、警備や交通整理を行なっているガードマンが、警察官そっくりの制服を着ているのもそのためです。

制服を見ることによって「信号を無視して警察官に捕まった」「夜中に警察官に職務質問をされた」という経験が甦《よみがえ》り、おとなしく指示に従うようになるのです。これを「条件付けによる学習の効果」といいます。

大きくなったら
なりたい職業
おまわりさん
ドロボー

07

幼少期心理編

# 鏡を見ないと無気力・無関心な人間になってしまう

**年中鏡を見ている子どもは、まわりの目を気にしている証拠。しかし、それは決して悪いことではありません。鏡を見ないと無気力になり、容姿に構わなくなってしまいます。**

ホームや電車の中、そして授業中にもしょっちゅう鏡をのぞきこむ子どもたちがいます。心理学的にみると、鏡を見る回数はその人の「公的自己意識」の高さに比例していることがわかっています。「公的自己意識」とは、自分がまわりからどう思われているのかを気にすることです。

また「公的自己意識」の強さは、その人の魅力にも比例するといわれています。

アメリカの大学で、廊下に大きな鏡を設置し、その前を通る女子大生の反応を観察する実験が行なわれました。すると、まわりから魅力的と思われている

学生ほど鏡を見る回数が多かったという結果が出ました。
　これは「公的自己意識」の強い人は、どうすれば自分が魅力的に見えるかを熱心に研究しているからだと考えられます。つまり魅力的と思われるのは、彼女の努力の成果だったのです。
　それに対し、鏡を見ないでいると無気力になり、自分の容姿やまわりのことにも無関心になっていきます。
　子どもを魅力的な人間に育てたいなら、大いに鏡を見るよう勧めましょう。ただし、場所をわきまえてください。

# 08
幼少期心理編

## 少年野球のポジションどりで子どもの性格を知る

あなたの子どもは少年野球チームに入っていますか？
もし入っているとしたら、性格を知る絶好のチャンスです。
子どもの性格はどのポジションを希望するかでわかります。

最近はサッカーに押され気味のようですが、それでもまだ少年野球は、子どもたちの人気ナンバーワンだそうです。

子どもが少年野球をやっている方も多いと思いますが、彼らがどのポジションを目指しているかで、その性格をおおよそ知ることができます。

たとえば、ピッチャーをやりたいと思っている子は、自信家で目立ちたがり。お山の大将になりたいタイプです。チームのキャプテンになりたいという気持ちは強いのですが、そのわりに責任感がありません。わがままなところがあるので、そこを助長しないよう注意しましょう。

キャッチャーをやりたがる子は縁の下の力持ちタイプ。他人には評価されなくても、高い自己満足度と自己肯定度を持っています。たとえば、生徒会長よりも、それを陰で支える書記や副会長に向いているタイプです。

攻守のかなめとなる内野手をやりたがる子は、みんなから注目を浴びたいと思っているタイプです。ミスをしてもめげない気丈なところがありますが、悪くいえば出しゃばりで、ときとして独り善がりなことをしてしまうことがありますから、その辺

キャッチャー
自己肯定的、
他人の評価を気にしない、
縁の下の力持ちタイプ
バッター
活動的、
派手好き、
爆発力を秘めた
タイプ
内野手
気丈、ミスにめげない、
注目を浴びたいタイプ
ピッチャー
自信家、
目立ちたがり、
お山の大将に
なりたいタイプ

に注意してあげましょう。

守備よりもバッティングで活躍が目立つ外野手をやりたがる子は派手好きで活動的なところがあります。うまく調子にのせると、親が驚くくらい凄い力を発揮することがありますが、残念ながら長続きしません。短気なところがあり、地道に努力するのを嫌うタイプの子が多いので、努力の大切さを教えるようにしてあげるとよいでしょう。

ところで、野球やサッカーのように集団で闘うスポーツを好む子には、秩序や上下関係を重視するタイプが多いようです。

また、集団で行動することから「人と一緒にいたい」という親和欲求の強い子どもともいえます。

それに対し、1対1で闘うスポーツを選ぶ子は、感情をストレートに出すタイプです。

09

幼少期心理編

# 情報過多や押しつけ教育が生み出したクローズドな子どもたち

あなたは子どもに何でもかんでも押しつけていませんか？愛情と過保護は違います。あまり押しつけが過ぎると、子どもは人との面倒を避けようとして心を閉じてしまいます。

若者や子どもたちのなかに年々「クローズ人間」が増えているような気がします。

クローズ人間とは、前かがみになる、腕で自分の体を包み込む、他人と視線を合わせない、体を硬直させる、表情に乏しいなどのポーズをとって外界との接触を拒む人のことをいいます。

このようなクローズ人間が増えたのは、現代社会に私たちの処理能力の限界をはるかにオーバーした情報が氾濫しているためと考えられます。心理学でこのような状況のことを「過剰負荷環境」といいます。

アメリカの社会心理学者、スタンレー・ミルグラムは、人が過剰負荷環境へ置かれたときの順応方法を4つに分けて分析しています。これを見ると、現代の若者や子どもたちの行動にぴたりと当てはまります。

**①情報をできるだけ短時間で処理しようとする**

知らない人に道を尋ねられた場合、必要最小限のことだけを手短に伝えようとします。敬語をはじめとする不要な単語は削除しますから、無愛想な受け答えになります。

**②必要な情報だけを選び、重要では**

**ない情報は排除する**

同じ電車やバスに乗り合わせた人には注意を向けないで無視する。お年寄りが目の前でつらい表情を浮かべていても知らんぷりです。

### ③責任を他人に押しつけて回避する

人込みを歩いていて肩がぶつかっても、それは避けなかった相手が悪いんだと決めつけます。また、公共の建物が壊れているのを見つけても、「誰かが連絡するだろう」と考えます。

### ④相手に直接接触せず、社会的な仲介機関を利用する

学校やクラスメイトと問題が起きても自分では解決しようとせず、両親など第三者を介入させて直接接触しません。

クローズ人間を生み出すもうひとつの原因となっているのが、幼少期の押しつけ教育（押しつけ的かかわり）です。自分が何も主張しなくても親が何でもやってくれたため、人との面倒なかかわりを避けたいと考えるようになってしまうのです。

10
幼少期心理編

# 「テクノストレス」が融通のきかない子どもをつくる

**人の気持ちはイエスとノーだけに分けられるものではありません。あいまいなところがあるからこそ、人間らしいのです。パソコンに順応すると甚深なあいまいさが理解できなくなります。**


「レポートは今週中に提出するように」

「教授、今週中というのは土曜日のことですか、それとも金曜日のことでしょうか」

「土曜は休みだから金曜だね」

「金曜日の何時までですか？　夜中の12時前ならいいんでしょうか」

「それはちょっと……。常識的な時間に提出してください」

「常識的な時間って……」

こちらとしては最悪、月曜日の朝、研究室のポストに投げ込んであればいいやと、ややあいまいな気持ちで「今週中」という言葉を使ったのですが、白黒つけなくては（正確な日時をたしかめないと）気がすまないという学生が少なくありません。

心理学的に見ると、彼らは「コンピュータ過剰適応型」のテクノストレスに晒《さら》されているのかもしれません。

ふつう一日中コンピュータを使っていると、なんとなくだるくなったり無気力感を感じ、コンピュータから離れてストレスを発散したくなりますが、コンピュータの1と0、つ

教授、
「常識的な時間」とは
一体何時何分何秒から
何時何分何秒の
時間のことをいうのか
この書類に明記し
署名捺印して
今日の
15時31分46秒までに
提出してください
0 1
コミケ

まりイエスとノーという二進法的発想に接し過ぎると、その状況に不自然な形で適応してしまうことがあります。これが「コンピュータ過剰適応型」のテクノストレスです。

基本的にコンピュータの答えはイエスかノーで、グレーゾーンはありません。文字をひとつ打ち間違っても理解してくれず、再入力を要求されます。

しかし、人のコミュニケーションや会話には、グレーゾーンが多く含まれています。極端にいえばほとんどがグレーゾーンといってもいいでしょう。コンピュータの二進法的な発想に同化してしまうと、そのようなあいまいな会話を無価値なもの、煩わしいと感じるようになってしまいます。

これからの時代、パソコンを使えることは必須ですが、ものには限度があります。子どもがコンピュータばかりやっていたら、「たまには外で遊びなさい」と言ってあげましょう。

11

幼少期心理編

# 体型だけでここまで性格は判断できる

**自分の性格を変えたい……。そう思っている人は多いはずです。そんな人はダイエットや筋力トレーニングをしてみてはいかが？体型によって人の性格はこれほどまでに変わります。**

子育てについて書かれた本を見ても「自分の子どもには当てはまらないわ」と思うことがよくありますよね。

子どもとはいえ、性格はひとりひとり違いますから、それも当然のことです。心理学では、性格は生まれつきの部分と、その後の環境によってつくられる部分があると考えられています。

性格のなかの生まれつき、先天的な部分を強調する立場を「キャラクター」といいます。一方、社会生活を送っていく過程で形成されていく後天的な部分を強調する立場が「パーソナリティ」という考え方です。

先天的な性格の「キャラクター」は変えることができません。なぜなら、性格の基礎となる感情的な要素のことを気質といいますが、この気質は遺伝の影響を受けやすいとされているからです。

気質は自律神経や内分泌といった体の生理反応と関連していると考えられています。とくに活動性、気むずかしさ、外向性、衝動性、被暗示性（暗示にかかりやすいかどうか）という5つに強く遺伝の影響があらわれるようです。

気質によって人の性格を判断しようとする発想は、一般的に気質論といわれ、古代ギリシャの時代から考えられてきました。そして、ドイツの心理学者アーネスト・クレッチマーは体型と気質との関係を次のような3つのタイプに分類しました。

## ①肥満型—躁うつ気質

ふっくら、ぽっちゃりした体型の人は、基本的に社交的で温かく、親切です。明るくて活発で、ユーモア精神があり、一緒にいて楽しい人です。ただし感情にムラがあるため、ときには激しく怒ったり、泣いたりすることもあります。

突然落ち込み、うつ状態になることがあります。

**②やせ型―分裂気質**

標準体重より軽い人は、基本的に神経質で生真面目です。自分の世界に閉じこもりがちで、社交的ではありません。他人が口にしたちょっとした言葉に過敏に反応する反面、他人の気持ちには無頓着で鈍感なところがあります。

**③筋肉型―粘着気質**

筋肉や骨がしっかりしたがっしり型の人は、几帳面《きちょうめん》で秩序を好み、物事に熱中するタイプです。正義感が強く、礼儀正しいのはいいのですが、融通がきかず頑固といわれることもあります。

もちろん、体型だけで人の性格や気質をすべて判断することはできませんが、みなさんの子どもがどのような気質を持っているか、判断材料のひとつにはなるでしょう。

やせ型 分裂気質
肥満型 躁うつ気質
神経質で生真面目
非社交的。etc...
明るく活発だが
感情にムラある。etc...
筋肉型 粘着気質
役割性格
社会的性格
狭義の性格
気質
几帳面、物事に熱中する、頑固。etc...
広義の性格

12

幼少期心理編

# 長男・長女はストレスに弱く、末っ子は依存心が強い

「総領の甚六」長男・長女にとっては腹立たしい言葉ですが、残念ながら的を射ている言葉です。両親が優しすぎるため、長男・長女は控えめでおっとりした性格になってしまうのです。

実験によって、長男・長女は他の弟妹にくらべて「親和欲求」（130ページ参照）が高いことがわかっています。また、ある調査では「引きこもり」になる人の約8割が長男・長女だということもわかっています。つまり、長男・長女はストレスに弱いということ。本来ならしっかりしなければならない長男・長女が、なぜこれほどストレスに弱いのでしょうか？

初めての子どもはかわいいものです。それはお爺ちゃんお婆ちゃんにとっても同じこと。最も多い場合には、6人もの大人がよってたかって「かわいいかわいい」と世話を焼きます。2人目の子どもが生まれるまで長男・長女は両親

や祖父母の愛情を一身に受けて育つことになります。何くれとなく世話を焼いてもらって育った長男・長女が、控えめでおっとりした性格に育つのは、想像に難くありません。

しかも、親が自分のそばにいることが当然として育つため、いつも誰かといたい（子どもの頃は必ずお母さんが近くにいてくれたのに）という「親和欲求」が強くなると同時に、ストレスに弱くなってしまうのです。

2人目の子が生まれると、親にも余裕ができます。子育てに関するおおよそのことは長男・長女のときに

学習していますから、いい意味で「手抜き」ができるようになります。

親が四六時中かまってくれないということは、自由にふるまえる時間が多くなるということになります。しかも、2人目の子どもは常に長男・長女と戦わなくてはなりません。

それらの条件が重なることによって2人目の子は積極的で競争心が強く、しかも自由奔放な性格になります。幼い頃から戦いや放置を経験しているため、ストレスにも強くなります。

ただし、末っ子だけは両親や兄弟にもかわいがられて育つことが多いため、依存心が強くわがままな性格になります。年上しかいない家庭で育つため、いつまでも子どもっぽいところが残るのも末っ子の特徴です。

13

幼少期心理編

# 同性の兄弟（姉妹）は親しいながらも永遠のライバル

カインは、神に愛された弟のアベルを殺してしまいました。兄弟、姉妹は親しいながらも生まれついてのライバルなのです。彼らが奪い合おうとしているのは、あなたの愛情です。

2人目の子どもが生まれると、急に長男・長女がわがままになり、指しゃぶりをするなどの「赤ちゃん返り」することがあります。これはいままで自分が独占していた親の愛情を奪われたために起きる現象です。赤ちゃんに返ることによって、再び親の注意を引こうというわけです。

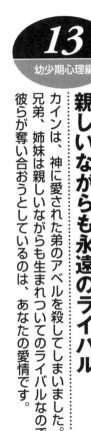

一方、2人目の子どもは、長男・長女のことを、頼れる存在として慕いながらも親の愛情の独占を邪魔するやつというとらえかたをします。

このような兄弟同士が抱く敵対心やライバル意識のことを「カイン・コンプレックス」といいます。カインは、旧約聖書に出てくるイブの子どもの名前で、

彼にはアベルという弟がいました。神はアベルの貢ぎ物は受け取りましたが、カインのものは受け取ってくれませんでした。カインは神に寵愛されるアベルに嫉妬心を抱くようになり、ある日ついに殺してしまいます。怒った神はカインのことをエデンの東へ追放し、その子孫の額にカインの刻印を付けるという罰まで与えました。

「カイン・コンプレックス」は、異性よりも同性の兄弟（姉妹）の方に強く出ることがわかっています。

14
幼少期心理編

# ひとりっ子は人に優しい楽天家、それとも問題児？

ひとりっ子には問題行動が見られる場合があります。でも上手に育ててあげれば、積極的で人当たりがよく楽天的で、他人にも優しい性格の大人になってくれるはずです。

子どもや若者の問題行動の増加がよく話題になっていますが、その原因のひとつに「少子化」があると思われます。

ひとりっ子には社会性の発達が遅れたり、問題行動が見られることがあります。しかし、親の育て方ひとつで、問題のない子どもに成長します。

ひとりっ子の場合にはカイン・コンプレックスとは無縁で、成人になるまで親の愛を一身に受けて育ちます。そのため、長男・長女にあらわれる「親和欲求」や「ストレスに弱い」という面がさらに強調されてしまいます。

要求をする前からすべて受け入れられるため、相手に何かを訴える能力が育ちにくい、学校など集団生活の場で「仲間として受け入れてもらいたい」という気持ちが希薄なのも特徴です。

悪い点ばかりでなく、明るい面もお教えしておきましょう。親の愛情を一身に受けて育つひとりっ子は、「自己受容（自分のことを肯定的に受け止めること）」や「自尊感情（自分は価値のある人間だという考え）」を持っています。この面が強く出るひとりっ子は、積極的で人当たりがよく、しかも楽天的で他人にも優しい性格になります。

15

幼少期心理編

# 「すり込み」を使うと親子のコミュニケーションが深まる

人間に「すり込み現象」は起きないと専門家は言います。しかし、生まれて間もないときに触れ合った親子は、明らかにいい関係を築くことができるとわかっています。

孵化したての鳥の雛は、初めて見た大きな動く物のことを自分の親だと思い込みます。これを「すり込み現象」といいます。人間の子どもは未熟な状態で生まれてくるため、鳥と同じような「すり込み現象」は期待できませんが、それでも出産後、お母さんと赤ちゃんができるだけ早く、そして長い時間接触すると、さまざまなプラスをもたらすことがわかっています。

母親の方に注目した場合、出産直後に赤ちゃんと頻繁に会う機会を与えたお母さんは、そうしなかったお母さんよりも、赤ちゃんにほおずりしたり、目を合わせてほほ笑んだりという情愛をあらわす行動が多かったというデータがあります。

「初頭効果」といって、人は最初に得た情報の影響を強く受ける傾向があります。生まれて間もない赤ちゃんと触れ合い、かわいらしいという印象を持てば、その後の親子関係によい影響をもたらすことは容易に想像することができます。

病院の方針や環境によって思い通りにできないことも多いでしょうが、生まれたばかりの赤ちゃんには、できるだけ長い時間接するようにしてあげたいものです。

16
幼少期心理編

# どのトイレに入るかで子どもの性格を知る

**自分の「なわばり」を守りたい男性は奥のトイレを選び、誰かが助けてくれるだろうと女性は中央のトイレを選びます。トイレの選び方にも知らぬ間に考え方と性格が出るものです。**

「学校でトイレ（個室）に入るとき、どこに入るの？」

ちょっと変に思われるかもしれませんが、機会があったら子どもに聞いてみてください。

奥と答えたら、あなたの子どもは自分の時間や場所を大切にするマイペース人間です。環境の変化になじめないところがあるので、転校の際などには注意が必要です。

真ん中（あたり）と答えた子は、警戒心と適応能力のバランスがとれたノーマルタイプの子どもです。

そして、入り口の近くと答えた子は、警戒心が強いものの、新しい環境にもすばやく順応できる柔軟性を持った子どもです。

ちなみに、日本で行なった実験によると、興味深いことに男性と女性では選び方が異なることがわかりました。男性の場合は一番奥を選ぶことが多く、女性の場合には中央付近のトイレを選ぶ人が最も多いという結果が出ました。

男性が一番奥を選ぶ理由は「なわばり」を守りたいから。113ページで触れますが、男性は女性よりも広いなわばりを持ちたがる傾向があります。そのために奥のトイレを使い、安心を得ようとするのです。

17
幼少期心理編

# 父親の家庭不在がマザコン男をつくり出す

彼氏がデートにお母さんを連れてきたらどうしますか?
残念ながら、彼はマザコンということ。
これからも付き合うなら、お母さんと仲よくなることです。

母親に過度の愛着を持っている男性のことをマザコン（マザー・コンプレックス）といいます。母親との結び付きが病的なまでに強く、就職先から服装の趣味、はたまた結婚相手のことまで相談し、言われた通りにします。しかも、母親の方も、そのことを悪く思っていません。

このようなマザコン男にとっての理想の女性は母親です。身近に理想の女性がいますから、同世代の女性とうまく恋愛ができません。ひどいマザコンの場合、デートに母親を連れてくることもあります。

なぜこのようなマザコン男ができ上がってしまうのでしょうか？　最大の原

因は父親の不在にあります。最近は家庭を大切にする男性が増えたといわれていますが、いまだに仕事最優先で家に戻るのは深夜。早朝また会社へ出かけるというサラリーマンは少なくありません。当然、子どもや奥さんのことは、ほったらかしになります。

欲求不満を募らせた奥さんの興味は子どもの養育に向かいます。何くれとなく世話を焼き、指図をし、そして相談にのってやります。その結果、子どもは母親から自立することができなくなり、病的なまでに母親

に依存するようになります。

ひどい場合には、母親が自立するよう求めても、わざと問題を起こし母親を支配しようとする場合があります。

マザコン傾向の男性には次のような特徴があります。付き合っている男性がマザコンかどうかを判断できるはずです。

普段はおとなしく礼儀正しいのに酒を飲むと性格が一変する、食べ物の好き嫌いが多い、性格が優柔不断で自分の感情をコントロールするのがあまり得意ではない、人の誉め方がよくわからない、などです。

ちなみに彼氏がマザコンだとわかったら、母親と仲よくなってしまうとよいでしょう。間違っても母親の悪口は言わないこと。彼にとって母親が理想の女性だということをお忘れなく。

18
幼少期心理編

# 幼い頃、うんちを我慢しているとサディストになる?

わが子が動物をいじめているのを見て、ショックを受けたことはありませんか?
フロイトによれば、子どもは全員サディストなのです。

他人に肉体的・精神的な苦痛を与えることで性的な快感や満足を感じるのがサディズムで、逆に他人から肉体的・精神的な苦痛を与えられることで性的な快感や満足を感じるのがマゾヒズムです。この2つは苦痛を与える対象が違うだけで、深層の欲求は同じものだと考えてよいでしょう。

フロイトによれば、乳児が母親の乳房をかむことに満足を感じたり、幼児が親の意に反抗してうんちを我慢したり、排泄したりすることに快感を覚えたことが忘れられないために起こるのがサディズムだといいます。

フロイトは、サディズムは攻撃欲や征服欲と同じ行為で、すべての人が(その大小はともかくとして）持っており、幼い子どもは全員サディストだといっています。

ちなみに、アメリカのジョーゼフ・ワイドラ博士は、人は低血糖の状態にあるとサディストになるというユニークな説を唱えています。

また、性的な快感はすべてマゾヒズムに通じるといわれています。肉体的な快感は圧迫や抑圧され、それが頂点に達し解放されることによって得られます。満員電車にぎゅうぎゅう詰めにされ何十分も走った後、ホームに吐き出されたときの快感は

何ともいえません。この解放感を得たいために人はマゾヒズムに走るというわけです。

マゾヒズムのひとつの原因として挙げられているのが、幼少期に受けた性的虐待です。性的虐待までいかなくても、冷たく扱われたり人格を否定するような扱いを受けると、大人になった後もその記憶がマゾヒズムを生み出します。

ちなみに、脚や脇の下など、女性の体の特定の一部分だけに興奮することをフェティシズムといいますが、これも幼児期の体験が大きな影響を与えて起きる性癖です。

幼い頃に性的興奮を感じたときに、たまたま目にしたある部分がフェティシズムの対象になることがあります。

19

幼少期心理編

# 触れてほしくないことは「コンプレックス指標」で探り出せる

子どもが隠していることを知りたいときのとっておきの技が、「コンプレックス指標」の確認です。でも、知ったからといって悪用は厳禁ですよ。

子どもがひとりで悩んでいるとしましょう。「どうしたの？」と聞いても理由を言ってくれません。理由がわからないから、母親としては心配が募るばかりです。そんなときには「コンプレックス指標」の長さをたしかめて、何を隠しているのか探り出してみてはいかがでしょうか。

「コンプレックス指標」とは、質問に対して答えが返ってくるまでの「間」のことです。人は話題にしたくないこと、避けたいと思っていることに触れられると、答えるまでの間が長くなります。この間が長くなればなるほど避けたい話題ということになります。

# コンプレックス指標
# =質問に答えるまでの間

話題を避けたいときのサインとしては間が空くほかにも、「まったく見当違いの返事をする」「苦笑いを浮かべる」「笑ってごまかす」「聞こえないふりをする」「相手の言葉をオウム返しにする」などがあります。

大切なのは、もしこの「コンプレックス指標」で子どもが隠したいと思っていることがわかったとしても、「わかった！　＊＊なんだ」と言わないこと。知られたくないから言わないんだということをわかってあげましょう。

20
幼少期心理編

# 子どもが肌身離さず持ち歩くタオルは母親であるあなたの分身

「そんな汚いぬいぐるみ捨てちゃいなさい！」
それはすなわち、あなた自身を捨てろと言っていること。
自然と手放すまで温かく見守ってあげましょう。

漫画『ピーナッツ』に登場するライナスは「安全毛布」と名付けた汚らしい毛布をいつもズルズル引きずっています。ライナスと同じように、いつも同じぬいぐるみやタオルを握って放そうとしない子どもがいます。

洗濯することも許してくれませんから、そのぬいぐるみは真っ黒です。母親としては体面が悪いですから、何とかしてそれをもぎ取りたいと思い、「そんな汚らしいぬいぐるみ、早く捨てちゃいなさい！」とつい言ってしまうのですが、それはあまり得策とはいえません。

心理学ではそのぬいぐるみのことを「（愛情の）移行対象」といいます。生まれたばかりの赤ちゃんは母親と一心同体で、完全に守られた幸福な世界にいます。やがて幼児となり、自分の力で歩くようになると彼らは外界へ足を踏み出します。そのとき初めて幼児は母親との別れ、喪失という不安を体験します。このショックを和らげるのが、あのぬいぐるみなのです。

つまり、幼児が手放そうとしない汚らしいぬいぐるみは、母親の分身なのです。

この現象は2～4歳になれば自然と消えてしまいますので、心配するには及びません。

# 21

幼少期心理編

## 落ち着きのない子どもを叱るとうつ病になる危険性がある

**子どもの落ち着きのなさは、あなたのしつけのせいでも知的水準が低いからでもありません。正しい対応をしてあげれば社会に順応できます。**

学校の授業に注意を払えない、椅子に落ち着いて座っていられない、先生の指示に従えないなどの症状をみせる子どもがいます。

その場合、ＡＤＨＤを疑う必要があります。ＡＤＨＤとは注意力の障害と多動・衝動性を特徴とする行動障害のことです。原因はまだ不明ですが、脳の機能に障害が起き、集中力に欠け衝動を抑えられなくなっていると考えられています。水銀をはじめとした有害ミネラルが子どもたちの脳へ悪影響を及ぼしているという説もありますが、まだ証明はされていません。

２００１年に厚生労働省が行なった調査によると、ＡＤＨＤの疑いがある小

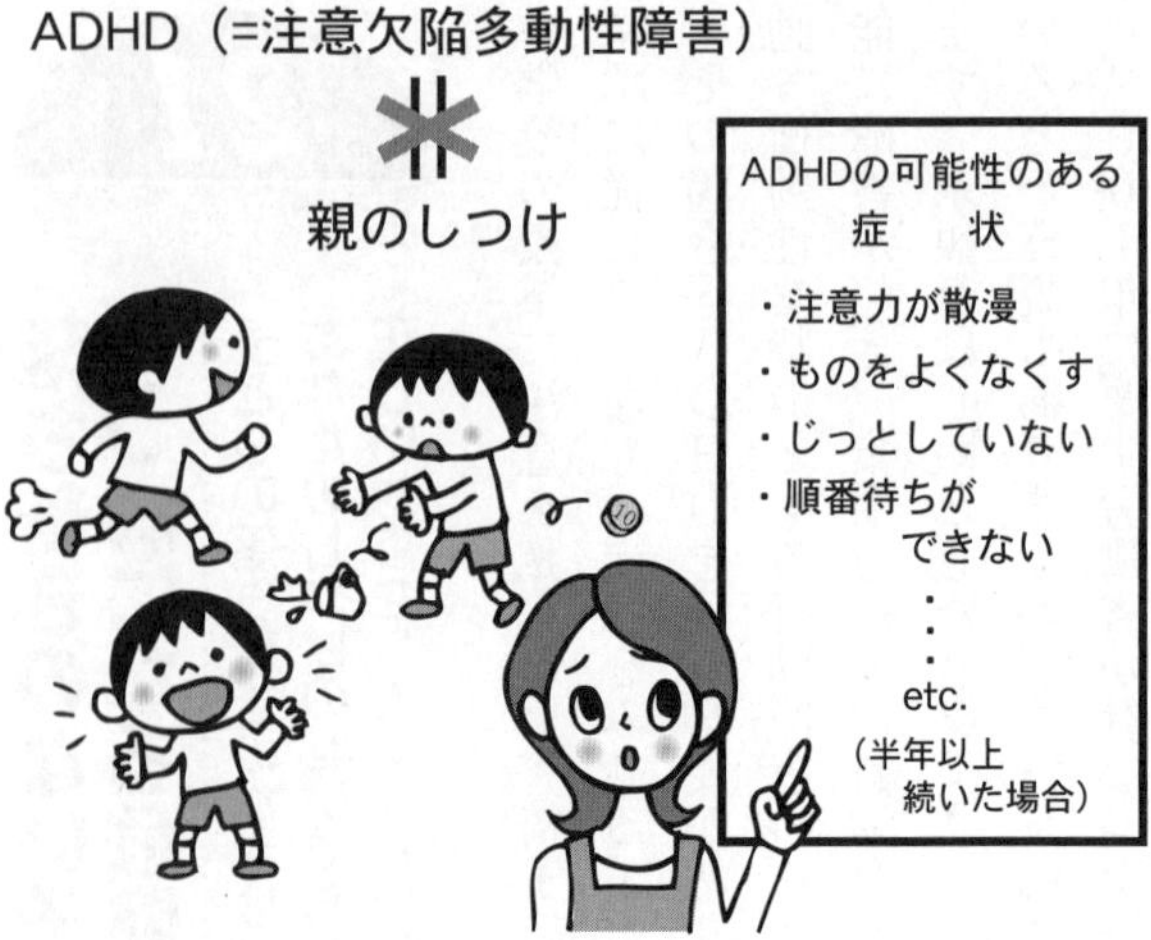
ADHD（=注意欠陥多動性障害）
≠
親のしつけ
ADHDの可能性のある
症　状
・注意力が散漫
・ものをよくなくす
・じっとしていない
・順番待ちが
できない
・
・
・
etc.
（半年以上
続いた場合）

学生は1000人当たり3・7人にも上ることがわかりました。また、女の子よりも男の子の方が4～6倍も多いこともわかっています。

次に挙げるような症状が少なくとも6カ月以上続き、学校や家庭の中で不適応を起こしている場合には、ADHDの可能性があります。ただし、素人の身でADHDと判断せず、必ず専門医の診断を受けるようにしてください。

①注意が持続できない。
②ものをよくなくす。
③注意力が散漫。

④歯磨きなど毎日の決まりごとを忘れてしまう。
⑤手足をそわそわ動かす。
⑥よく離席する。
⑦走り回ったり高い所へ登る。
⑧じっとしていない。
⑨しゃべりすぎる。
⑩質問が終わらないうちに答えてしまう。
⑪順番を待つことができない。
⑫他人にちょっかいを出す。

よく勘違いされるのが、親のしつけが悪いのではないかということ。ＡＤＨＤはしつけや知的水準とは関係ありません。落ち着かないことに腹を立て、叱りつけるとうつ病を発症する危険性があるといわれていますから、ＡＤＨＤを正しく理解して接するようにしましょう。

ＡＤＨＤの多くは思春期を過ぎると自然に回復するといわれています。

22

幼少期心理編

# 女の子の口癖で彼女たちの素の性格がわかる

知らず知らずのうちに人の気持ちは言葉に出ます。
それは女の子や男の子も同じこと。
言葉を聞いて「素《す》」の彼らを知ってあげましょう。

言葉というのは時代とともに変化していくものですが、自分の子どもや中高生のおしゃべりを聞くと、本当に私たちが使っている日本語と同じなのだろうかと思ってしまいます。

そんな彼、彼女たちの言葉に耳を傾けてみると、意外な一面を知ることができます。

**①「ってゆ〜かぁ」と反論する人**

持論を主張したいのですが、あからさまに反論すると相手を傷つけてしまうという気配りから出る言葉。あいまいな主張しかできないタイプともいえます。

年配の人がこの言葉を使ったら、若者ぶりたい証拠です。

**②「とか」「みたいな」を会話の最後につける人**

これも、自分や自分の主張をあいまいにぼかす言葉です。勉強や友だち付き合い、趣味などすべて「ほどほどでいいや」と思っているタイプです。

**③「やっぱ」という言葉をよく使う人**

人当たりがよく、協調性のあるタイプです。しかし、物事をあまり深く考えず、想像力を使うのが苦手です。②と同様に何事も「ほどほどでいいや」と思っています。

「でも」が口癖の人は自分だけが注目されたい自己中心的なタイプ

## ④「でも」と反論する人

たまにこの言葉が出てくるなら問題はありませんが、もし口癖だとしたら、話し相手のことなど端《はな》から頭になく、自分だけが注目されたいと思っている自己中心的なタイプです。

## ⑤「だから」と言って相手の話を引き取る人

これは「だから私が言ってるじゃない」を省略した言葉です。私が正しいんだということを強く言いたい自己主張の強いタイプです。

## ⑥「とにかく」という言葉をよく使う人

この言葉がよく出てくる人は短気で、話を論理展開するのが苦手なタイプです。「とにかく話はもうやめようよ」という意味です。

## ⑦「どーせ」という言葉をよく使う人

「結論はこういうことなんでしょ」という言葉が隠されています。内気なのに自己顕示欲が強いタイプです。自分の弱点を見せるのを極端に嫌うタイプでもあります。

# 23

幼少期心理編

## 無理強いせず子どもに言うことを聞かせるとっておきの方法

「ああしなさい」「こうしなさい」といつも言われている子どもに言うことを聞かせるには、「嫌だ」と言わせればいいのです。


「早く寝なさい！」

「いつまでもゲームばかりやってちゃダメでしょ！」


きつく言ってはいけないとわかってはいるものの、何度言っても言うことをついつい口調がきつくなってしまいます。

もし子どもが小学校低学年以下なら上手に操る方法があります。たとえば早く寝かせたい場合を例にとってみましょう。最初は少しだけ関係のある話から始めます。

「太郎君、これからはパジャマじゃなくて、普段着のまま寝てくれるかな」

子どもは「NO」と言いたがっている

太郎君はパジャマに着替える必要がないと大喜びします。

「あっ、そうするとおねしょしたときに困っちゃうね。でも……しかたないか。みんなにおしっこ臭いって言われるかもしれないけど、我慢しようね」

　きっと太郎君は嫌だと言いだすはずです。なかには「パジャマに着替える！」と言い、その場で洋服を脱ぎだす子もいるでしょう。

　ポイントは、あくまでも子どもに意見を聞くというスタンスで話すこと。「普段着で寝なさい！」と命令口調では言わないようにしましょう。

さて、続けましょう。

「じゃ、パジャマに着替えてもいいから、ずっと起きててくれるかな」

普段は「早く寝なさい！」と目を三角にして言うお母さんが反対のことを口にするので、太郎君は目を白黒させているはずです。ここで、もう一言。

「太郎君が起きててくれれば、泥棒さんやお化けがきても安心だもん。太郎君にぜんぶまかせて、お父さんとお母さんは先に寝るね」

「やだやだ、僕が先に寝るもん！」

太郎君は、ベッドに駆けていくはずです。

普段、子どもはあなたに命令されるばかりでフラストレーションがたまっています。だから「イエス」よりも「ノー」の方が言いやすいのです。

24

幼少期心理編

# 脅しのテクニックを使って子どもに言うことを聞かせる

**人は脅せば言うことを聞きます。しかしそれは束の間のこと。本当に言うことを聞かせたければ軽い脅しが効果的です。**

前項のテクニックは幼児には効果的ですが、中学生以上の子どもには通用しません。彼らには「脅し」のテクニックを使って言うことを聞かせましょう。脅しといっても、何も包丁を突きつけるわけではありませんのでご安心を。

アメリカの心理学者ジャニス・エイブラムズは、高校生をAからDまでの4グループに分け、4つのパターンで「歯磨きをするように」と言いました。

**Aグループ**（脅しなし）

「虫歯と歯ぐきの健康のため、普段からよく歯磨きをして、口腔《こうこう》衛生に気をつけましょう」

**Bグループ**（**弱い脅し**）

「歯と歯ぐきの手入れを怠ると虫歯や歯槽膿漏《しそうのうろう》になります。普段から口腔衛生に気をつけましょう」

**Cグループ**（**中くらいの脅し**）

「歯と歯ぐきの手入れを怠ると虫歯や歯槽膿漏になります。定期的に歯科医に通って悪いところをなおしてもらうようにしましょう」

**Dグループ**（**強い脅し**）

「歯と歯ぐきの手入れを怠ると、虫歯や歯槽膿漏になり、歯が抜け落ちたり、苦痛をともなう治療が必要になります。ときにはがんになること

お手伝いしないとお小遣い100円減らすわよ！
お手伝いしないとお小遣いナシよ！

「強い脅し」より「弱い脅し」のほうが効果的

もあります」

その結果、最も衝撃を受けたのは強い脅しを受けたDグループでしたが、実際に以前よりも歯磨きを念入りにするようになったのは、弱い脅しをしたBグループでした。

つまり、言ったことを守らせるためには「強い脅し」よりも「弱い脅し」の方が効果的ということです。たしかに強い脅しにはインパクトがありますが、強く脅されて行動に移ると、どうしても無理やりやらされているというストレスを感じて反発するのだと考えられます。

これは、そのまま子どもたちに何かを命じるときに使うことができるテクニックです。

つまり、「＊＊しないとお小遣いなしだからね！」という強い脅しよりも「＊＊しないとお小遣いを少し減らすかもしれないよ」という弱い脅しの方が効き目があるということです。

25

幼少期心理編

# お母さんにおちんちんがないのを知り、男は露出狂になる

男の子と一緒にお風呂へ入ったとき、あなたの股間をじっと見つめていませんでしたか？彼は自分のペニスがなくなってしまうのを恐れているのです。

世の中にはさまざまな性癖を持つ人がいます。なかには、女性の前で自分の性器を露出することに快感を覚える男性もいます。いわゆる「露出狂」ですが、なぜこのようなことに快感を覚えるようになってしまったのでしょうか？

次のような仮説があります。お母さんと一緒にお風呂に入った男の子は、お母さんの性器を見たとき、ペニスがないことにショックを受けます。

「もしかすると、僕のおちんちんもどこかに消えて、お母さんと同じ女の人になっちゃうのかなぁ」

女になることを恐れた男の子は、ペニスを露出することによって、自分が男

であることを確信し、安心します。
「お母さんはおちんちんをなくしちゃったんだ。もしかして僕のおちんちんも……」
自分もペニスをなくすかもしれないと不安になった男の子は、自分のペニスを露出することによって、安心するという説もあります。
さらに、自分が受けたショックを女性に転移し、ペニスを見たことによって女性が受けるショックで、性的興奮と自分が男だということを実感するのです。

# 26

幼少期心理編

## 母親のことを認めたくないと摂食障害になる

思春期の無理なダイエットは百害あって一利なし。なかでも危険なのが過食や拒食を交互に繰り返す摂食障害。摂食障害になる原因は思わぬところにも隠されています。

傍目には充分痩せているように見えるのですが、それでもまだ満足できず、無理なダイエットに挑戦する女性が後を絶ちません。

無理なダイエットの弊害は、それこそ枚挙にいとまがありません。たとえば摂食障害もそのひとつです。摂食障害は拒食症（神経性無食欲症）と、過食症（神経性過食症）に分かれます。この2つは正反対にみえますが、拒食と過食を交互に繰り返すことがよくあります。

摂食障害の原因はいくつもありますが、そのひとつとして挙げられるのが、母親との関係です。母親のことを認められないと考えていると、母親（大人の女性）のようになりたくないという気持ちが働き、肉体的な成長を拒むのです。

また、自分の食欲をコントロールすることが、価値のあることだと勘違いしている場合もありますし、性格面では几帳面で強迫傾向が強い人も摂食障害に陥りやすいようです。

安易に考えていると取り返しのつかないことにもなりかねませんから、娘さんのダイエットが目に余るようでしたら、思春期外来や心療内科で治療を受けるようにしてください。

# 27

幼少期心理編

## 楽しそうに話を聞いてあげないと、子どもは話し下手になる

子どもの話をじっくりと聞いてあげていますか?

子どもの話にうなずいたり、笑ったりしてあげていますか?

そうしないと、あなたの子どもは話し下手になってしまいます。


「ねえねえ、聞いて」

こう言いながら子どもが近付いてきたとき、みなさんはどうしますか?

「いま忙しいの。あっちいって!」いけないとはわかっていても、忙しいとつい邪険にしてしまうのでは?

しかし、あまりそのような対応を続けていると、あなたの子どもは話し下手の大人になってしまうかもしれません。

家の中で話し相手になってくれるのはあなたしかいません。そのあなたに話しかけるたびに嫌な思いをしていると、次第に子どもは会話に対して臆病にな

ぬいぐるみを見せると同時に
大きな音を立てる
バン
ワワ～ン!!
ぬいぐるみだけを見せる
マイナスの条件付け

り、恐れすら感じるようになってしまいます。これを「マイナスの条件付け」といいます。

条件付けといえば「パブロフの犬」が有名ですが、アメリカの心理学者ジョン・ワトソンは人間の複雑な感情も、条件付けによって説明できると考え、赤ちゃんに白いウサギを見せるたびに大きな音をたて赤ちゃんを泣かせるという実験をしました。すると、赤ちゃんは白いウサギが近付いてきただけでおびえて泣きだすようになったのです。

これと同じように、あなたに会話

を拒絶された子どもは、「会話＝怒られる＝怖い」と条件付けてしまうのです。

子どもを話し下手にしないためには、あなたが興味を持って話を聞いてあげることです。たわいのない話でも笑ってあげれば子どもは喜びます。そしてそれが「報酬」となり、会話は楽しいものだと思うようになります。それを繰り返せば、会話のテクニックもおのずと上がっていくはずです。

ところで、「マイナスの条件付け」をされ、話し下手になってしまった人はどうすればいいのでしょうか？

まずは親しい人と会話を始めましょう。そして、どのような話をすると相手が喜んでくれるのかを見極めましょう。子どもと同様、相手が喜んでくれればあなたもうれしいはずです。これを地道に続けていけば、必ず克服できるはずです。

# *Part 2*

# 恋愛心理編

恋人が何を考えているのかわかったらいいのに……。
ほとんどの方がそう思っているはずです。
もちろん、人の心をすべて知ることはできませんが、
恋人のしぐさや好みを注意深く観察すれば、
ある程度はわかります。

28
恋愛心理編

# 高いプレゼントは愛の破局をもたらす

**好きになるとその気持ちを相手に伝えようと、どうしても高いプレゼントを贈りがちです。しかしそれは愚の骨頂。彼の気持ちが離れてしまいます。**

女性から男性へ高価なプレゼントをすることは滅多にないと思いますが、もしそんな気分になったとしても絶対やめておきましょう。高価なプレゼントは、恋愛に破局をもたらす可能性大です。

相手に最も好意を持たせるプレゼントの方法というのがあります。それは、もらったものと同じ価値のものを贈ること。これからかけ離れた行動をとればとるほど、2人の気持ちにズレが生じます。

好きな人にプレゼントをするとき、私たちは「こんなに好きなんです」という気持ちをあらわしたいために、どうしても高価なものを選びがちです。

彼に高価なプレゼントを贈ったあなたは満足な気分です。しかし、それは「自己満足」以外の何ものでもありません。
　相手に好意を示せば、相手もそれに見合った好意を投げ返してくれるという心理法則があります。「好意の返報性」といい、それはプレゼントにも働きます。
　高価なプレゼントをもらった彼は、同じ価値のプレゼントを用意しなければと考え、プレッシャーに感じてしまいます。
「気にしないで。見返りは期待して

ないから」

そう言えばプレッシャーにならないだろうと考える人もいるかもしれません。しかし実験によって、それは誤りだということがわかっています。

被験者に換金可能なチップを渡してゲームをやってもらい、途中で追加のチップとメモの入った封筒を渡します。メモは①利息を付けて返してほしい（高義務条件）②同じ枚数のチップを返してほしい（同一義務条件）③返す必要はない（低義務条件）の3種類です。

そのなかで被験者が最も好意的に感じたのは②の同一義務条件で、③の低義務条件は、①の高義務条件と同様に極端に評価が低くなりました。

無償のプレゼントは相手に「何か下心があるに違いない」という警戒心を抱かせてしまうのです。

29
恋愛心理編

# スポーツマンに憧れるのは勘違いのドキドキだった

激しい運動をしたときに激しく打つ心臓の鼓動。人はこの鼓動を胸の高鳴りと勘違いしてしまうのです。それをうまく利用すれば彼の気持ちをゲットできるかも！

好きな男性のタイプは、と聞いて必ず上位にくるのが「スポーツマン」です。たしかに均整のとれた肉体を持つ男性は魅力的ですが、スポーツマンに憧れを抱くのは勘違いなことも多いので気をつけてください。

なぜ勘違いするのでしょうか？　その秘密は心臓のドキドキにあります。

好きな人と道でばったり会ったときなどに、心臓がドキドキと高鳴ることがありますよね。スポーツをしたときに感じるドキドキは生理的興奮で、好きな人に会ったときのドキドキは性的興奮と、そのドキドキの質はまったく違うものですが、人間は生理的興奮を性的興奮と取り違えてしまうのです。これを「錯誤帰属」、または「吊り橋効果」といいます。

「吊り橋効果」の名前は、次のような実験に由来しています。

複数の男性が橋を渡っている最中に、ひとりの女性にアンケートを依頼されます。用意されたのは高さ70メートルの切り立った崖にかかる吊り橋と、浅い小川にかけられたコンクリート製の頑丈な橋です。

さて、この2つの橋を渡った男性は、アンケートを依頼した女性にどのような行動をとったでしょうか？

コンクリートの橋を渡った男性は

何も特徴的な行動を起こしませんでしたが、吊り橋を渡った男性は、その女性に好意を持った人が多く、電話番号を聞くなど、積極的な行動をとった人も少なくありませんでした。

信じられないかもしれませんが、人は心臓がドキドキするだけで恋してしまうのです。

ということは、彼をドキドキさせれば振り向いてくれるということ？　はい、その通りです。なかなかその気になってくれない彼をデートに誘うなら、ジェットコースターがある遊園地や高い吊り橋があるハイキングコースなどがお勧めです。

ただし、彼が高所恐怖症じゃないことをたしかめてから誘うようにしてくださいね。

30

恋愛心理編

# 愛情の深さは計算式で導き出せる

あなたは愛されていますか？　あなたの愛は充実してますか？

もし疑問に思ったら、時計を片手に計算してみてください。

あなたが彼にどの程度愛されているのか一目でわかります。


あなたはボーイフレンドと1週間に何時間会ってますか？　10時間、それとも20時間ですか？

もし10時間だとしても、日曜1日で10時間なのか、月～金曜までの毎日2時間なのかによって、2人の親密度は異なります。

著書『ヤマアラシのジレンマ（Porcupine's Dilemma）』で有名なアメリカの精神分析医ベラックは、「現代人のコミュニケーションの特徴は大勢の人と短時間接触すること」と述べています。このような広く浅いコミュニケーションは、表面的な付き合いをあらわしています。

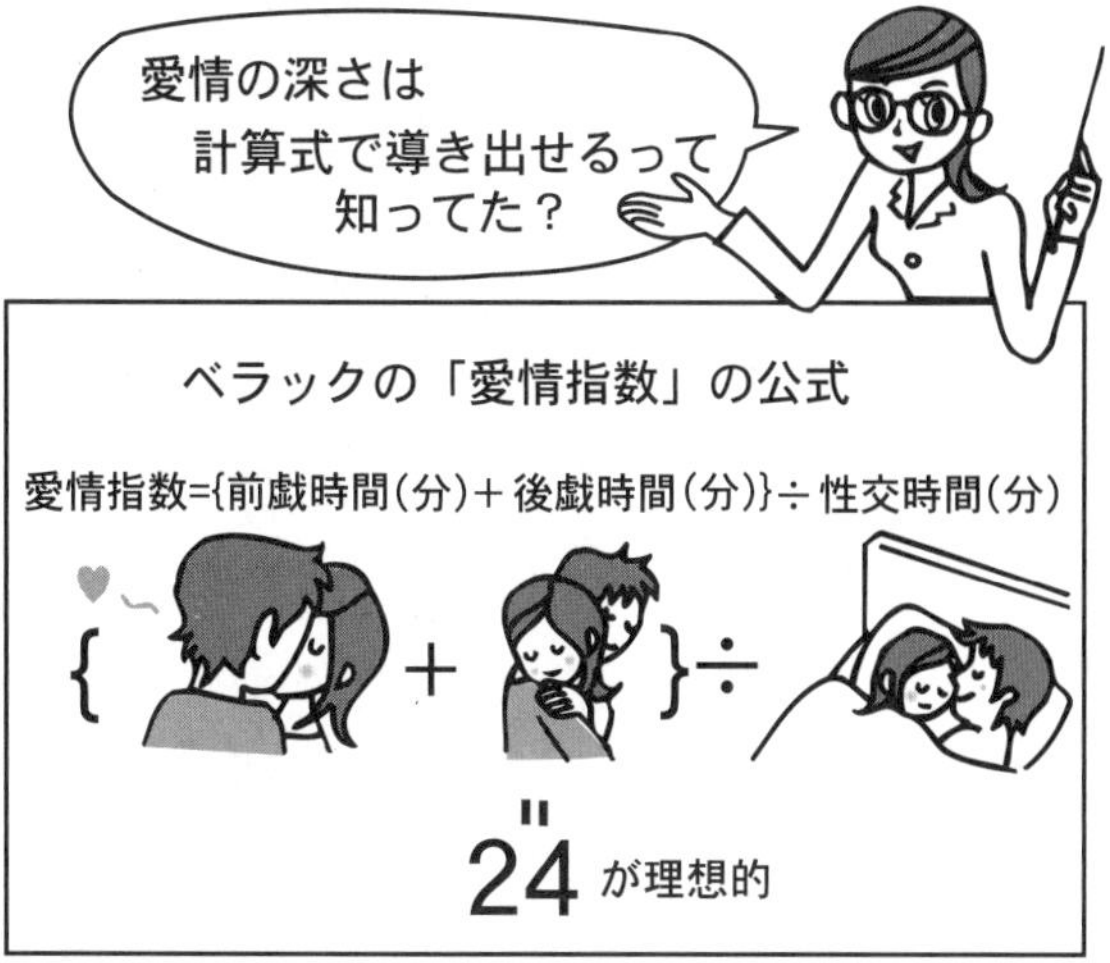
愛情の深さは
計算式で導き出せるって
知ってた？
ベラックの「愛情指数」の公式
愛情指数={前戯時間(分)＋後戯時間(分)}÷性交時間(分)
＝
24が理想的

恋愛にもこれは当てはまります。

1週間に同じ10時間会っていたとしても、「毎日2時間ずつ」会っているのはあまり親密とはいえない状態です。

「いままでは2日しか会えなかったけど、最近は毎日会えるから幸せ」

本当でしょうか？　問題は回数ではなく、一度にどのくらい長く会っているかです。頻繁に会っていても、1回あたりのデートの時間が減っているとしたら、あなたたち2人の親密度は確実に低くなっているといっていいでしょう。このままだと2人の愛は遅かれ早かれ自然消滅してしまいます。

ベラックはもうひとつ、２人がどの程度親密なのかを測る「愛情指数」を求める公式を考えました。

彼によれば、愛情指数は「｛前戯時間（分）＋後戯時間（分）｝÷性交時間（分）」によって求められるといいます。

つまり、前戯が15分で性交時間が30分、後戯が15分の場合、愛情指数は1となります。

ベラックによれば、この愛情指数が24のカップルが、最もセックスを楽しんでいるとのことですが、みなさんはいかがでしょうか？

「最近、彼としっくりいってないの……」

という方は、ぜひ一度、２人が会っている回数と時間の関係、そして愛情指数を計算してみるとよいでしょう。

# 31
恋愛心理編

## イケメンの男性には恋人がいないことが多い

「あんなカッコイイ人に彼女がいないわけがない。私なんか……」アタックする前からあきらめていませんか？　そういう人にかぎって、ステディな女性がいないのです。

芸能界を見ていると「なぜこんな美人が結婚しないんだろう」と思うことがあります。高望みしすぎなんじゃない、という厳しい意見もあると思いますが、実はこれ、心理学的にみれば当然の結果なのです。

美人の女性と付き合いたいと思う男性は多いでしょう。しかし、「拒否されるに決まってる」「あんな美人なんだから、もう恋人がいるに違いない。俺なんか……」と、自分で決め込んでいるのです。

権威や地位が他人を遠ざけるのと同じように、容姿の美しさにも人を遠ざけてしまう効果があります。

人は知らず知らずのうちに要求水準を自分自身に合わせ、異性に拒否されないよう自己防衛しています。

もちろん、逆も真なり。イケメンの男性を見つけても「あんな素敵な人に彼女がいないはずがない」と勝手に思い込み、告白する前からあきらめていませんか?

「この人なら拒否しないだろう」という心理が働くため、どうってことない男性がモテモテで、イケメンには彼女がいないことが多いのです。失敗を恐れずにアタックしてみてください。

32

恋愛心理編

# 「好き」と告白すれば好きになってくれる

好きな人には心の底から「好き」と告白しましょう。一念は岩をも通すの言葉通り、その告白は必ずいい形であなたに返ってくるはずです。

自分のことを好きになってほしい人がいたら、まず最初に自分から「好き」と告白してしまいましょう。ただし、軽々しく言っても効果はありません。心からあなたのことが好きなんです、という気持ちを真剣に伝えましょう。

人は「好意に対しては好意的に対応したがる」という心理を持っています。これを「好意の返報性」といいます。

難しい言葉ですが、自分のことを好意的に思ってくれる相手のことは、好意的に思えますよね。「好意の返報性」とはそのことです。

人は誰でも「誰かに認められたい、高く評価されたい」という欲求を持って

います。「好き」という言葉が、その欲求を満たしてくれるため、そう言ってくれたあなたのことを好きになってしまうのです。

たとえば、A君のまわりに女性が10人いたとしましょう。まだ誰もA君とは深い関係にありません。A君もとくに誰かを好きというわけではありません。そんなとき、あなたから「好き」と告白されたら、A君にとってあなたは突然、特別な女性になってしまうのです。早い者勝ちですから、一刻も早く告白を！

# 33
恋愛心理編

## デートに欠かせない3Sを知ってますか?

デートのときに彼を見つめていますか?　ほほ笑んでいますか?
そして、彼に触れていますか?
すべてを実践すれば、きっと彼はあなたを好きになってくれるはず。

「愛着」という概念はイギリスの精神医学者、ジョン・ボウルビィが考え出したものです。

「人間や動物が示す特定の対象や物に対して形成する情緒的結びつきのこと」と定義されていて、もともとは親子関係をあらわす言葉でした。

ボウルビィは愛着を深める行動として、接近、接触、微笑などを挙げ、これらのことを「愛着行動」と名付けました。

このなかには男女の恋愛において活用できるものも少なくありません。「視線(Sight)」「ほほ笑み(Smile)」「スキンシップ(Skin-ship)」という3Sもそうです。

　赤ちゃんはほほ笑めば母親がほおずりをしてくれることを学習します。ほほ笑みは相手に好意をあらわすサインです。ほほ笑まれて悪い気がする人はいません。ほほ笑みで相手に好意があることを示しましょう。

　人と話をするときには目を見て話せとよく言われます。視線を合わせることによって、話に関心があることや、好意があることを伝えることができるからです。

　採用担当者は、まったく同じ評価の女性が2人いた場合、無意識に瞳

恋愛における
3S
視線【Sight】
関心のあることを示す
スキンシップ
【Skin-ship】
イメージアップ効果
ほほ笑み【Smile】
好意のサイン

の大きな女性を選ぶといいますし、男性が「この子、俺に気があるんじゃないの」と勘違いするのもじっと見つめられるから。これほどまでに目は物を言うのです。

ただし、あまりじっと見つめ続けても逆効果ですので、ほどほどにしたほうがいいでしょう。

カーテン越しに相手の顔を見ないで握手をして、どんな印象だったか調査した実験があります。その結果は「会ってみたい」「温かみを感じた」など、ほとんどの人がよい印象を持ちました。このように「スキンシップ」はイメージアップに効果的です。

ちょっと積極的すぎるかもしれませんが、女性から腕を絡めてきたり、手を握ってきて嫌がる男性は滅多にいません。もし、腕を絡めるのが恥ずかしいようでしたら、せめて別れ際に握手をしてみてはいかがでしょうか。

34
恋愛心理編

# 恋人の性格・気持ちは1回目のデートでここまでわかる

初めてのデートのとき、彼は駆け寄ってきてくれましたか?
もしそうなら、あなたの恋愛は充実しているはずです。
そうじゃなかったとしたら……より一層の努力が必要です。

常識的に考えれば、彼の性格や気持ちを1回目のデートで知ることなんかできませんよね。でも、いくつかのしぐさをみれば、ある程度は判断できます。

デートの待ち合わせ場所であなたの姿を認めた彼はどのような行動に出ましたか? もし、小走りであなたに駆け寄ってきたら、それはあなたにとても会いたかった証拠。

反対に、あなたと視線が合っても、ゆっくり歩いてくるようであれば、あなたとのデートに気乗りしなかったということ。さらなるアタックが必要です。頑張ってください!

## デートの待ち合わせ場所に来るときの彼氏の行動は

待った〜？
は〜い
小走りに駆け寄ってくる
➡あなたに会いたかった証拠
もっと積極的に彼にアタック
やあ
は〜い
ゆっくり歩いてくる
➡あまり気乗りがしていない

街を歩いていると必ず横断歩道に出くわすはずです。彼はどんな渡り方をしましたか？

信号が変わったとたんに人込みの先頭をきって渡る人はせっかちで時間に厳しいタイプ。世話好きですから、簡単なお願いをしてみるといいでしょう。

人込みの中心にポジションをとり、他の人が渡り始めてから一緒に渡る人は、臆病なくらいの慎重派です。もし、あなたが行動派ならちょっと不満に思うかもしれません。

歩行者が向こうから来ようが関係

なく、自分の決めたラインを一直線に渡ろうとする人は、自分勝手で独り善がり。そんな男性と一緒にいても幸せにはなれませんから、さっさとお別れしましょう。

切符を買うときにも彼の性格はあらわれます。

自分の番になってからお金を取り出す人は行き当たりばったりの性格で、仕事上のミスも多いタイプです。仕事ができる男性が好みなら、こんな人は敬遠した方がいいでしょう。

反対に、列に並ぶ前からお金を用意している人は慎重派で、仕事の段取りをつけるのが上手なバリバリのビジネスマンタイプ。あなたのことを大切にしてくれますが、他人の評判を気にしすぎるきらいもあります。

また、お金を入れたらすぐに券売機から体をずらす人は、他人に気を遣いすぎのタイプです。

35

恋愛心理編

# 45センチ以内に近付けたら、2人は恋人同士

人間だって動物のはしくれ。他人に立ち入ってもらいたくない「なわばり」を持っています。そこに飛び込むことができたら、距離ばかりではなく、気持ちも急接近できますよ。

動物と同様、人間も無意識のうちに「なわばり」を持っています。それをたしかめるためにバス停のベンチで行なわれた実験があります。

全長3・6メートルのベンチの端から30センチのところにX氏が座っている場合、次にやってきた人はどこに座るかという実験です。

その結果は、75％の人がX氏から2メートル以上離れて座り、X氏との間に鞄などの障害物を置きました。しかも、3人目の人がやって来ても、ほとんどの人は充分なスペースがありながら座ろうとしませんでした。

いかにエアコンが効いていようと満員電車のなかで不快感を感じるのは、「な

わばり」の中に見ず知らずの他人が入り込んでくるからです。

アメリカの文化人類学者エドワード・ホールは、人が無意識のうちに持っている「なわばり」を次の8つのゾーンに分類しました。

**①密接距離―近接相（0〜15センチ）**

相手のにおいや体温が感じられる距離で、家族や恋人の距離です。

**②密接距離―遠方相（15〜45センチ）**

手を使って相手の体に触れることができる距離。恋人や家族以外がこれより内側に入るとストレスを感じます。

**③個体距離―近接相（45〜75センチ）**

相手を抱いたり体に触れることができる距離。恋人と友人の微妙な関係。

**④個体距離―遠方相（75〜120センチ）**

お互いに手を伸ばせば指先に触れることができる距離。友人ならここまで立ち入れます。

**⑤社会距離―近接相（120〜210センチ）**

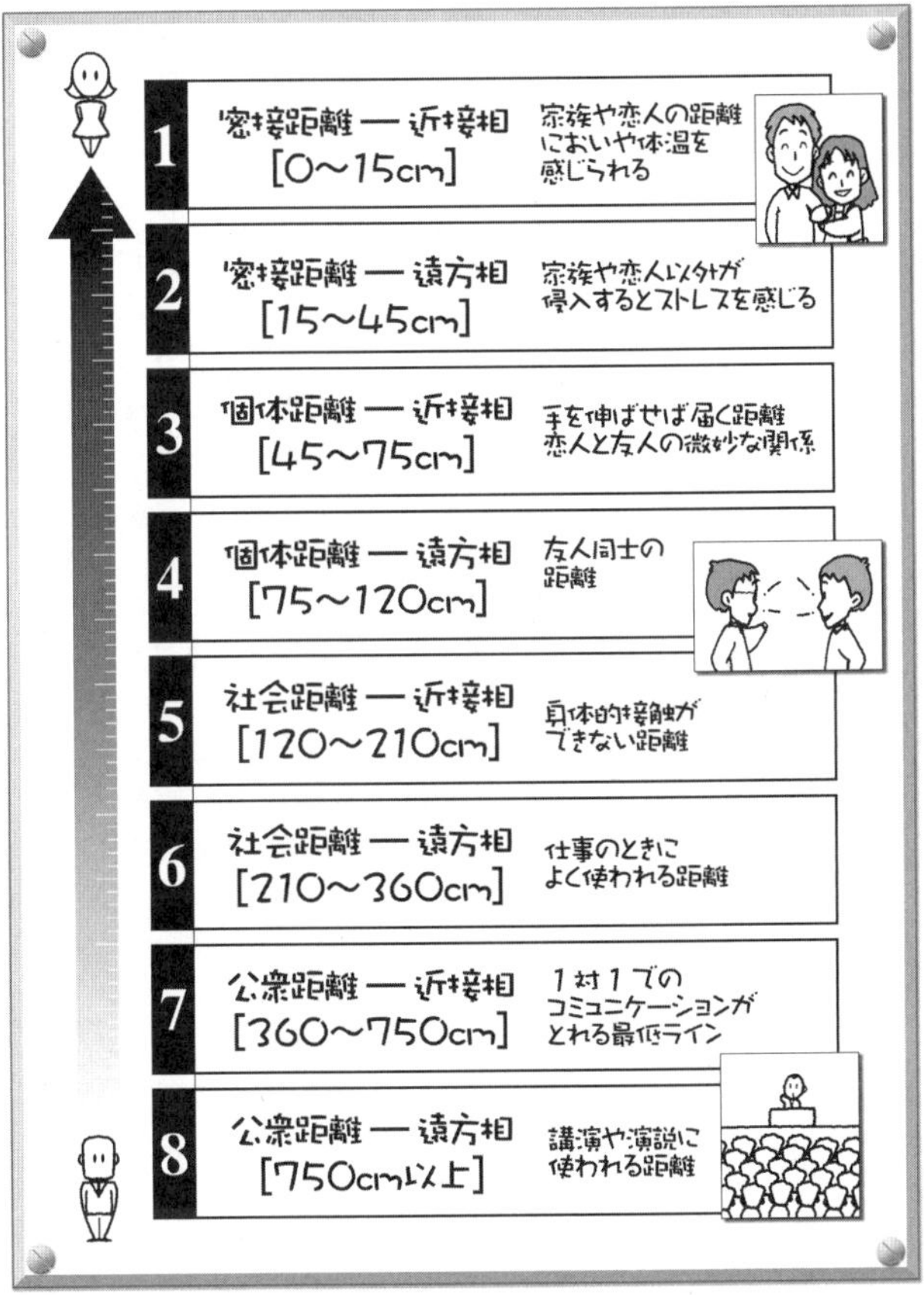
1
密接距離 — 近接相
[0〜15cm]
家族や恋人の距離
においや体温を
感じられる
2
密接距離 — 遠方相
[15〜45cm]
家族や恋人以外が
侵入するとストレスを感じる
3
個体距離 — 近接相
[45〜75cm]
手を伸ばせば届く距離
恋人と友人の微妙な関係
4
個体距離 — 遠方相
[75〜120cm]
友人同士の
距離
5
社会距離 — 近接相
[120〜210cm]
身体的接触が
できない距離
6
社会距離 — 遠方相
[210〜360cm]
仕事のときに
よく使われる距離
7
公衆距離 — 近接相
[360〜750cm]
1対1での
コミュニケーションが
とれる最低ライン
8
公衆距離 — 遠方相
[750cm以上]
講演や演説に
使われる距離

身体的な接触ができない距離で、この距離から人を見下ろしたとき、最も威圧感を感じます。

**⑥社会距離―遠方相（210～360センチ）**

仕事上の話をするときに使われる距離。これ以上離れていると、同じ部屋にいても別々なことができます。

**⑦公衆距離―近接相（360～750センチ）**

1対1でコミュニケーションが可能な限界距離。

**⑧公衆距離―遠方相（750センチ以上）**

1対1のコミュニケーションはもはや不可能で、講演や演説に使われます。なお、男性よりも女性の方が短い距離を設定する傾向があります。

「私は彼にどう思われてるのかしら？」と彼の真意をつかみきれないときは、彼に近付いてみましょう。彼が45センチ以内にすんなり受け入れてくれたら、あなたは彼にとって恋人です。45～75センチなら多少脈あり。75センチ以内に近付くことを拒まれたら、残念ながら、あなたの恋の先行きは不透明かもしれません。

36
恋愛心理編

# 恋人との距離を縮めたいときは斜め後ろから近付く

彼のなわばりは楕円形です。手薄なのは斜め後ろ。アタックするときはそこからがキホン。思い切って抱きついて、おんぶしてもらっちゃいましょうか。


前項で触れた「なわばり」に関し、もう少しミクロの目で見てみましょう。

彼との距離が45センチ以内なら恋人同士といいましたが、そこまで近寄れないと思ってらっしゃる方も多いのでは?

それもそのはずで、次ページのイラストのように接近者が異性の場合、男性が女性に近付くよりも、女性が男性に近付く方が近付きにくい(男性の方が「なわばり」を広く持っている)のです。

そんなときには、男性が持っている「なわばり」がきれいな円形ではなく、楕円形だということを利用して彼に近付いてみてはいかがでしょうか。

人間の持つなわばりの範囲（接近者が異性の場合）

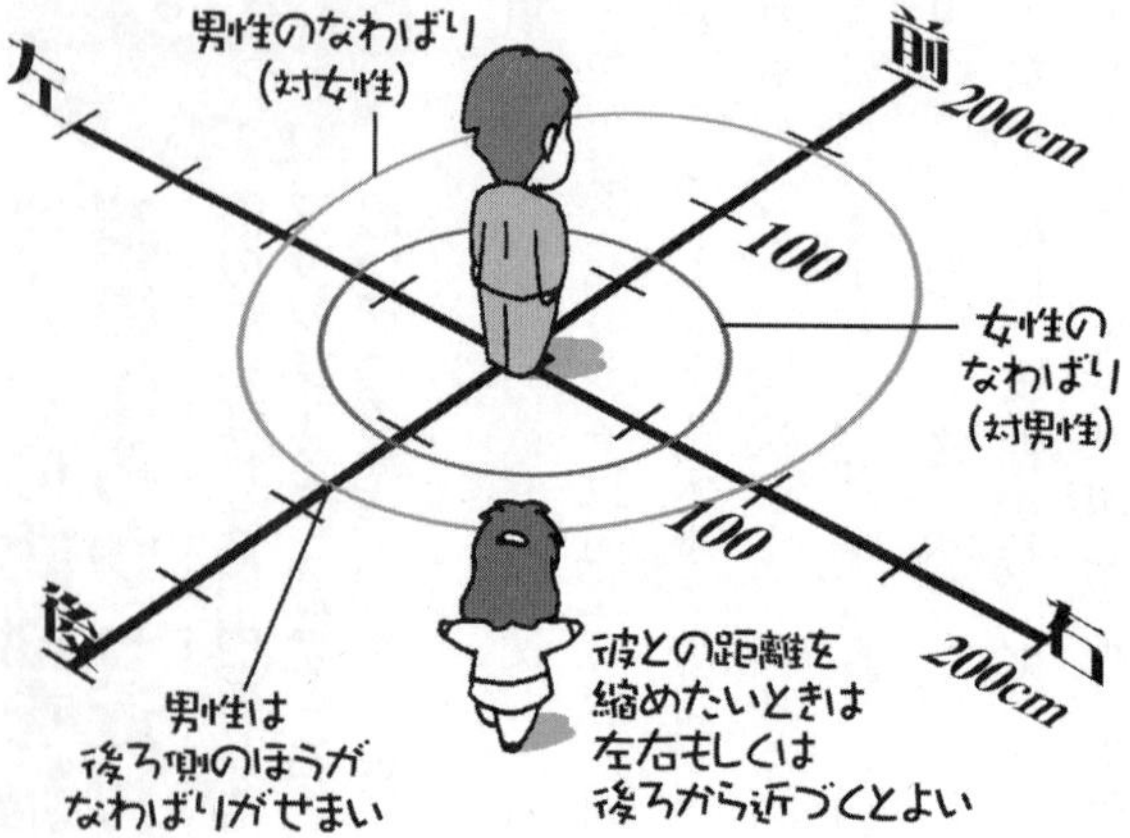
男性のなわばり
（対女性）
左
前
200cm
100
女性の
なわばり
（対男性）
100
200cm
右
後
男性は
後ろ側のほうが
なわばりがせまい
彼との距離を
縮めたいときは
左右もしくは
後ろから近づくとよい

男性が持っている「なわばり」は、正面が最も広く１５０センチ、左右は１００センチで、後ろは80センチ前後です。

つまり、真正面から近付くよりも、左右もしくは後ろから近付くと、相手に不快感や警戒感を与えにくいということ。

実際、私が行なった実験によっても、真正面から近付くよりも左右か、やや後ろから近付いた方が相手に不快感を感じさせずに近付くことができることがわかりました。

１４３ページで「カウンター席や

映画館、プラネタリウムの席が親密度を深めるためには最適の席」といっているのも、横からなら彼に無理なく近付くことができるからです。とくにカウンター席なら、肩や肘が触れ合うくらいまで近付いても不自然ではありません。このようにして彼の「なわばり」に入り込むことができれば、確実に親しさは深まります。

ちなみに、女性が持っている「なわばり」は半径60～70センチとほぼ円に近い形です。

また、接近者が見知らぬ同性の場合には、男性が男性に近付こうとするときは左右30センチほどまで無理なく近付くことができますが、女性が女性に近付こうとするときには半径70センチ以内にはなかなか近付くことができません。

同性同士の反発力は女性の方が強い傾向があります。

37
恋愛心理編

# ソクラテスの心理効果であなたの魅力はアップする

気がないふりをされるとなんとなく気になるもの。ちょっとした拒絶で、彼にもそんな気持ちを抱かせましょう。いつもイエスじゃありがたみがなくなってしまいます。


ギリシャの哲学者ソクラテスが、ある娼婦から質問を受けました。

「私の体をよりすばらしいものとして男に与えるためにはどうすればいいでしょうか」

「一度求めを断わりなさい。そして与えなさい。そうすれば喜びは何倍にもなるでしょう」

ソクラテスは即座にこう答えたそうです。

つまり、求めに少しだけ渋ることが、自分の価値を高めるということです。

次のような実験をした心理学者がいました。

実験者は被験者たちに、あらかじめ別室にスタンバイしている3人の美しい女性を順番にデートに誘うよう命じました。このとき、3人の女性には次のような返事をするよう事前に伝えてあります。

「いいわよ」とすぐにOKを出すA子。

「仕事があるの。でも……あなたの頼みだから何とかするわ。いいわよ」と最初は拒絶するが、最後には承諾してくれるB子。

「絶対にダメ」と終始拒絶し続けるC子。

面白いことに、被験者たちが最も好感を持ったのは、すぐにOKを出してくれたA子ではなく、B子の方でした。なぜ、男性はいったん拒絶したB子の方に好感を持ってしまうのでしょうか？

B子は最初に「仕事があるんだけど」と軽い拒絶をしました。その拒絶によって、男性は「B子とデートしたい」という獲得要求を抑えなくてはならなくなりました。その拒絶は川をせき止める堰《せき》にたとえればわかりやすいでしょう。堰ができたことによって川の水はたまっていきます。その水と同じように、男性の獲得要求も膨らんでいったのです。

ところが次の瞬間、「いいわよ」という言葉とともに堰が取り除かれます。たまっていた水（欲求）は大きなエネルギーを放出しながら流れていきます。この放出を男性は快感と感じるのです。

# 38
恋愛心理編

## マイカップを持っていると恋は成就する

彼と同棲中のあなた、2人ともマイカップを持ってますか？ もし持っていないなら、いますぐにでも買いに行きましょう。マイカップを持ってるか否かが、恋愛の行方を左右します。

最近は、結婚前に同棲しているカップルも多いようですが、もしあなたが同棲相手とそのまま結婚したいとお思いなら、お互いのマイカップを持つことを強くお薦めします。

アメリカの心理学者ロジャー・ローゼンブラッドが、同棲中のカップルと既婚カップルに次のような内容の質問をしました。

①あなた方はマイカップを持ってますか？
②あなた方は自分だけのクローゼットを持っていますか？
③あなた方はベッドのどちら側で寝るか決めていますか？

④あなた方は自分の歯ブラシのような小物を置くプライベートな場所を持っていますか？

このアンケートの結果、結婚しているカップルほど「イエス」と答えた数が多いことがわかりました。

マイカップや、ベッドで自分が寝る場所が決まっているというのは、犬や猫が電信柱などに自分のにおいをつけ、なわばりを示すマーキングと同じ行為です。

2人でひとつのカップを使っていた方が親密度が高い気がしますが、それは単にお互いのなわばりをあいまいにしているだけで、相手の存在をしっかり受け入れていないということです。

「それなら、さっそく彼用のカップを買いに行かないと！」

ちょっと待ってください。自分のなわばりを主張するわけですから、できれば本人が選んだカップを置くべきです。そちらの方がなわばり効果も強くなります。

ポイントは彼が選んだカップよりも小さめの物を選ぶこと。女性が使っているカップの方が大きいと男性の威厳が損なわれてしまいます。たとえ彼に従属するつもりはないと思っても、こころもち小さいカップを選ぶことが家庭円満の秘訣です。

「同じデザインで揃えた方が統一感がとれていいわ」

心理学的にはあまりお薦めできません。同じデザインのカップを使っているとなわばり意識が弱くなるからです。同じデザインなら違う色にしましょう。

39
恋愛心理編

# 落ち込まないで！たまにドジを踏むと好感度はアップ

精一杯キャリアウーマンを気取っているあなた、たまには失敗してみませんか？　転ぶだけでもいいのです。あなたの好感度がアップしてデートの誘いがあるかも。


あなたは会社や学校でどのように見られていますか？

もし、バリバリのキャリアウーマンやガリ勉の優等生だとしたら、なかなか男性が近付いて来てくれないはずです。男性からみると、そのような女性はあまりにも完璧すぎて、声をかけるのも恐れ多い存在だからです。

もし、そんなあなたがドジを踏んだり弱点を見せてあげれば、男性は親しみを感じて近付いてきてくれます。このような意外性は、その人の評価を高め、強烈な印象を与えます。

ドジを踏むと落ち込む女性もたくさんいます。落ち込むということはドジを踏み慣れていないということ。そんな人がたまにドジを踏んだからといって、あなたが思っているほど周囲はマイナスにはとりません。それどころかプラス評価に転じることの方が多いといえます。気にせず、たまにはドジを踏んで泣いてみましょう。

ただし、これは普段しっかりしている人の場合です。

普段からドジばかりしている人がドジを踏んでも、何ら意外性はありません。「またやってるよ。いい加減にしてくれよ」と呆れられるだけですから、ご注意ください。

40

恋愛心理編

# なぜ繰り返し「ひどい男」を選んでしまうのか

手間がかかる男ほどかわいいという考えは大間違い。それに気づかないと、いつまでたってもあなたは同じ過ちを繰り返すことになります。

あなたのまわりにも「ひどい男」と付き合ってる友だちがいるはずです。酒癖が悪かったり、ギャンブル中毒だったり、はたまた暴力をふるったり……。そういう女性は、命からがらその男と別れても、また同じようなひどい男を選んでしまうことがよくあります。傍目から見ていると不思議でしかたがないのですが、実は彼女は、ひどい目にあわされることに快感を感じているのです。よく「手間のかかる子ほどかわいい」と言います。これは「自分がこれほど手間をかけたのだからかわいいんだ」という自分への納得条件です。

また、自我（自分の感情や意志、行為など）が関与すればするほど、相手への

愛着が高まることもわかっています。つまり、苦労すればするほど愛着がわいてしまうということです。

「ひどい男」と別れて少したつと、ひどい目にあわされたことなどどこかへ忘れ、快感や愛着ばかりを思い出します。そして、その快感を再び得ようとして、また同じような男を選ぶというのです。過ちを繰り返してしまうのです。それは真の幸せではないということを一日も早く知るべきです。

41
恋愛心理編

# 人は近くにいる人を好きになる

お目当ての男性がいたら、できるだけ彼のそばにいましょう。会議や社員食堂では隣に座り、出社時間を合わせましょう。彼の目に繰り返し触れれば、必ず好意が芽生えます。

初めて会社や学校へ行ったとき、どのような人と最初に仲よくなったか思い返してみてください。近くの席に座っている人ですよね。

このように、近くにいる者同士が仲よくなることを「近接の要因」といいます。もちろん、これは恋愛にも通じる現象です。

小学校の頃、好きな人のそばの席に座りたいと思ったことは誰にでもありますよね。実は、それは相手に好かれるためにはとても大切なことだったのです。

合コンや学校の授業、そして会議などでも、お目当ての男性がいたらできるだけ近くに座るようにしてください。

近くにいれば、自然と彼の目に繰り返し触れるようになります。当然、会話をする機会にも恵まれるでしょう。そうすることによって、彼は知らず知らずのうちにあなたに好意を持つようになります。このような心理現象のことを「単純接触効果」といいます。

新人アイドルを売り出すときには、頻繁にテレビに出演させ視聴者の目に慣れさせます。そうすることによって視聴者は知らず知らずのうちに、その新人アイドルのことを好きになっているのです。

42
恋愛心理編

# 人は自分に似た人を好きになる

彼の趣味は何ですか？　彼の好物は何ですか？
彼の気持ちをゲットしたいなら、似たもの同士になりましょう。
人は自分と同じ趣味や価値観を持つ人を好きになります。

「近接の要因」を利用して彼に好意を持ってもらったら、次は彼との共通点を探すよう努力しましょう。

仲のよい友だちのことを思い出してください。趣味や考え方など、必ずあなたとどこか共通点があるはずです。人は自分と共通点や類似点がある人に対し、好意を持ちます。それを「類似性の要因」といいます。

初対面の場合には、食べ物の話題を持ち出してみましょう。食欲は生理的欲求のひとつですから、誰とでも抵抗なく話すことができます。

話題に困るようなら、どんな料理が好きなのか聞いてみましょう。料理の話はやがて店の話へと発展して行きますから、「今度、一緒に行きませんか」とデートの誘いに持ち込むことも自然にできます。

ちなみに、少し親密度が増したら彼のスポーツの趣味を聞いておきましょう。たかがスポーツの趣味だなんて言わないでください。コンピュータで結婚相手を紹介してもらった人が、その後結婚にまで至ったかどうかを調査したところ「スポーツの趣味」に差のあるカップルは結婚にまで行きつかないことが多いという結果が出ているのです。

43
恋愛心理編

# 親和欲求の強い長男は入院中に恋に落ちやすい

**お目当ての男性が入院したら、それこそ不幸中の幸いです。病院に足繁く通ってかいがいしく世話をしてあげましょう。もし彼が長男だとしたら、その効き目はバツグンです。**

なぜか女性の看護師さんは男性に人気です。正直いって「何であんな娘が」と思う女性も、白衣を着ているとモテモテです。なぜでしょうか？

入院中というのは一種の隔離状態です。新聞やテレビも満足に見ることができず、好きな料理を食べることもできません。しかも健康に不安を抱えていることから、精神的にも不安定です。人は不安や恐怖が高まると誰かと一緒にいたいと思うようになります。これを「親和欲求」といい、とくに長男・長女にその傾向が高いことがわかっています。

なかば隔離された病室の中でいい相手がいないかと見回すと……女性の看護

入院＝一種の隔離状態
○欲望が満たされない
○精心的不安
優しい言葉
手を握る
親和欲求が高まる

師さんがいるじゃないですか！

しかも女性の看護師さんは、優しい言葉をかけてくれたり手を握ってくれます。ときには悩みだって聞いてくれます。患者には、これがとても魅力的に見えるのです。

もしお目当ての男性が入院したら、不幸中の幸いです。すぐにリンゴとナイフを持ってお見舞いに行きましょう。相手が長男だったら、もうこっちのもの。お見舞いに行くだけでも彼の親和欲求は高まり、あなたのことを愛していると錯覚を起こさせることができます。

ベッドサイドに座り、リンゴの皮をむいてあげれば、ますますあなたの好感度はアップ。健康なときには何とも思わない簡単なことが、彼の心をゆさぶります。

入院中なら普段は絶対できないようなスキンシップも自然な形でできます。たとえば痛いところをさすってあげたり、ときには体を拭いてあげることも可能でしょう。相手の温もりを感じることが愛情を育むうえで重要なことなのはいうまでもありません。

女性看護師さんのことをねたむのではなく、彼女たちの立場に立って、意中の人に話しかければ必ずうまくいくはずです。とくに彼が長男だとしたら、この勝負、勝ったも同然です。

44
恋愛心理編

# 恋人を誉めるときは、最初にけなしておくと効果的

1から10まで誉めてもうれしくないというのですから、人間の気持ちは不思議なものです。誉めるときのために普段からけなす材料を探しておきましょう。

誰だってけなす人よりも誉めてくれる人に好意を持ちます。だから、あなたも彼を大いに誉めてあげましょう。しかし、単に誉めたのでは効果はいまひとつです。

アメリカの心理学者、エリオット・アロンソンとロバート・D・リンダーが行なった実験によると、実に興味深い結果が出ています。

被験者は4つのグループに分けられ、X氏から次の4つのパターンの対応を受けました。

①最初から最後までプラスの評価を受け続ける。

②最初から最後までマイナスの評価を受け続ける。
③最初はマイナスの評価を受け、その後にプラス評価を受ける。
④最初はプラス評価を受け、その後にマイナス評価を受ける。

その結果、③、①、②、④の順で被験者はX氏に対し好感を持ちました。つまり、ただ誉めるよりも、最初にけなしてから誉めた方が、好感度が高くなりやすいということです。

もちろん、これは恋愛にも通じることです。この「技」を使うポイントは、ささいなことを少しだけけな

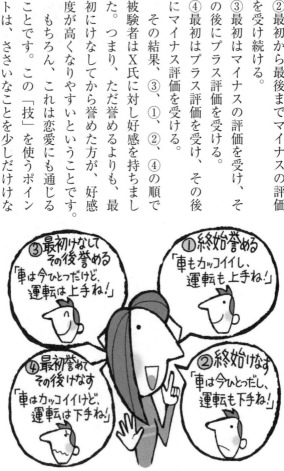

して、大きく誉めることです。

いくら効果が大きいとはいっても、たとえばみなさんが「キミは太ってるけどかわいいね」と言われたら、最初の「太ってる」という言葉ばかりに気をとられてしまい、誉められたことに気づかないはずです。

では、彼のどこを誉めればいいのでしょうか？

自分が強く関心を持っていること、こだわっていることを心理学用語で「自我関与」といいます。人を誉めるときは、この自我関与度の高いところを誉めると、よりうれしく感じます。

たとえば、彼が自動車にこだわりを持っているとしたら、運転を誉めてあげましょう。ビジネスで知り合い、まだ相手のプライベートなことを知らないのであれば、仕事ぶりを誉めるとよいでしょう。自分の仕事に関心を持っていない男性はいないからです。

45
恋愛心理編

# 友だち関係を恋愛関係に持ち込む「自己開示」のテクニック

彼との距離がいまひとつ縮まらなかったら、打ち明け話をしてみてはいかが？ 彼もきっと「実は……」と口を開いてくれるはず。

クラスメイトや会社の同僚として長く顔を突き合わせていると、意外と恋愛関係に達しないものです。そんなときには「自己開示」してみましょう。

自己開示とは他人に自分のプライバシーを打ち明けること。打ち明ける内容には、本当なら誰にも話したくないこともあるでしょう。しかし、自己開示をすることによって、２人の親密度はグッと深くなります。

最初は会社のことでもいいでしょう。誰も知らないことを打ち明けられた彼は、自分が特別な存在なのだと知り、気分をよくします。

そして自己開示は、相互開示という作用ももたらします。相互開示とは、彼

の告白です。興味深いのが、相互開示は一方の自己開示と同じレベルで起きるということ。つまり、2人は常に同じレベルのプライベートな話を共有しているということになります。

　こうして相互開示をしていくうちに、やがて話はいままで誰にも言えなかったことにまで到達します。自己開示が深くなればなるほど2人に「同じ秘密を共有する共犯関係」のような心理が生まれ、親密度は深くなっていきます。

46

恋愛心理編

# 恋人が嫌うレストランでのマナー集

**長い髪をたくし上げるポーズにまいる男性は少なくありません。しかし、食事中は髪の毛に触れていてはいけません。百年の恋も一瞬で冷めてしまいますよ。**

他人のマナー違反はよく目についても、自分の欠点はなかなかわかりません。マナーひとつで男性に嫌われることもあります。そこで、男性が嫌う食事中のマナーをお教えしておきましょう。

**①料理を残す**　ダイエット中なのはわかりますが、せっかくのデートなのに食事を残すのはマナー違反です。彼のなじみの店ならなおさらです。残すくらいなら最初から注文しないこと。

**②食事中に髪の毛によく触る**　邪魔なら最初から束ねておけばいいのです。髪の毛に触れているということは相手に興味がない証し。

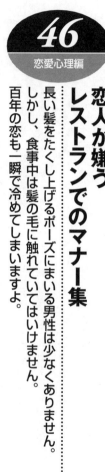

**③注文する料理がなかなか決まらない**　決断力がなく、ワガママな女性と思われます。

**④猫背で食事をする**　美しい顔をしていても猫背では魅力は半減。品がなく見えてしまいます。

**⑤食事中に化粧直しをする**　なれてくるとついやりがちですが、男性が最も嫌うしぐさのひとつです。口紅が消えてなくなってしまっても、男性はさほど気にしません。

**⑥食事中にたばこを吸う**　これは問題外ですね。マナー違反の上に味オンチだということをまわりの人たちに言いふらしているようなものです。

47

恋愛心理編

# 恋人の財布を見れば愛情の深さがわかる

彼の財布をじっくり見たことがありますか?
財布は自分自身の小世界をあらわしています。
彼が高価な財布を持っていたら、将来は安泰です。

彼の財布を見れば、性格や愛情の深さをある程度知ることができます。なぜなら心理学的に財布は、自分自身の小世界をあらわしていると考えられているからです。

たとえば、財布の中をいつもきれいに整理している人がいます。クレジットカードも普段使うものだけを厳選して差し込んでいて、今日は絶対に使わないと思われるフィットネスクラブのカードなどは持ち歩かない人。そういう男性は、お金だけでなく自分の生活もしっかりとコントロールできている人です。

それとは反対に、財布に1年前の領収書から期限切れになったクレジットカ

整理
されたサイフ
不必要なものだらけのサイフ
私生活も
しっかりコントロール
心配性
所有欲が強い

ードまで、何でもかんでも入れてパンパンにしている人がいます。そんな男性は心配性で所有欲が強い傾向があります。

高い財布を買ったら中に入れるお金がなくなった、というコントを見たことがありますが、実際そんな人がいます。一見浪費家のように見えますが、実は経済観念がしっかりしていて、お金も大切にするタイプです。結婚に金銭的安定を求めるなら、立派な財布を持っている男性にかぎります。

ときどき財布を持たず、お金を裸

のままポケットに突っ込んでいる人がいます。そんな男性は、現実からの逃避願望が強い傾向があります。財布の中にお金を整理して入れることによって、自分がいまいくら持っているのか明らかになるのが怖いのです。

また、お金は愛情に置き換えることもできます。つまり、お金を大切に使う人は優しく、金勘定にうるさい人は愛情もコントロールしたがります。財布の中身をのべつまくなしチェックしなくては気が済まない人は、愛情不足や恋愛に問題を抱えていることが考えられます。

ただしお金を貯《た》めることしか頭にない人だけは特別です。そういう人はお金を貯めれば貯めるほど愛情が減っていきます。そして待っているのは寂しい孤独です。

48

恋愛心理編

# 夜のデートは2人の親密度を深める

夜の暗さは人の心を惑わし、性的な興奮をもたらします。彼と深い関係になりたいなら夜のデートがお勧め。高層ホテルのバーならドキドキも手伝ってくれますよ。

アメリカの心理学者ガーゲンは面識のない男女5人ずつを明るい部屋と暗い部屋に1時間ずつ閉じこめるという実験を行ないました。明るい部屋の男女はお互いに離れて座り、当たり障りのない会話を1時間続けました。

それに対し、暗い部屋に閉じ込められた男女は、男女がペアを組み、手を握ったり抱き合うようになったのです。

この実験からもわかるとおり、デートに行くなら夜にかぎります。同じ夜でもできれば暗いところがいいでしょう。

映画館やプラネタリウムはどうでしょう。並んで座るとさらに親密度を高めることができますし、ホラーやアクション映画なら、心臓がドキドキして彼も「錯誤帰属」（93ページ参照）を起こしてくれるはずです。

食事へ行くなら照明が暗めのレストランを選ぶようにしましょう。夜景が見える高層ビルのラウンジも、ドキドキしますからお勧めです。

「カウンターしか空いてませんが……」と申し訳なさそうに言われることがありますが、喜んでそこの席に座るようにしましょう。横並びはカップルにとって最高の席です。

49
恋愛心理編

# カップルの親密度は2人の視線でわかる

**男女の関係を見抜くには、女性が話しているとき男性の視線がどこを見ているかをたしかめればＯＫ。男性が女性の目を見つめていたら2人は親密な関係です。**

思いを寄せている男性が、知らない女性と一緒にいるところを目撃してしまったら、あなたはどうしますか？

ショックのあまりすぐにそこを離れてしまうという人がほとんどでしょうが、もしかしたらあなたの早とちりかもしれません。2人は会社の同僚かもしれませんし、兄妹かもしれません。2人の様子をそっと観察すれば、どんな関係かがおおよそわかります。がっかりするのはそれからでも遅くありません。

ポイントは、女性が話しているときの男性の視線です。もし、男性が女性の目を見ながら話を聞いていたら、残念ながら2人は親密な関係です。もし、男性が女性の目をあまり見なかったら安心してください。あなたにはまだチャンスがあります。

そのほかにも、相手に視線を合わせられないとき、女性は口数が少なくなりますが、男性は逆に口数が多くなります。女性は男性が「話してもいいよ」というサインを送ってくれないと話し続けることができませんが、男性は女性が「話したい」というサインを出すまで話し続ける、という傾向があります。

あなたがしゃべっているときの彼の視線はどこにありますか？

# 50

恋愛心理編

## おねだりは食事をしながらが効果的

おいしい食事をしているときに面倒な話は避けたいもの。それを利用して普段言いにくいことを言って彼に「イエス」と言わせてしまいましょう。

アメリカで行なわれた面白い実験があります。

まず学生を、ピーナッツとコーラが用意されている部屋と何もない部屋に分けます。そして、全員に「10年以内に月旅行ができるようになる」「がんが治療できるようになるまでには、まだ20年かかる」という記事を読んでもらいました。

記事を読み終わった後、「あなたもそう思いますか?」と尋ねたところ、「そう思う」と答えた学生の数は、ピーナッツとコーラが用意されている部屋の方が圧倒的に多かったという結果が出ました。

おねがい♡
バック買って♡
いいよいいよ
料理を味わいたいため相手との対立を避けたい

ランチョン・テクニック

もちろん、ピーナッツやコーラに人の心を動かす薬が入っていたわけではありません。ポイントは「飲食しながら説得したかどうか」にあります。

このように飲食しながら相手を説得する手法を「ランチョン・テクニック」といいます。

「ランチョン・テクニック」が効果的なのは、飲食していることは誰にとっても心地よい体験で、知らず知らずのうちに気持ちが緩むからです。

何もこれは人間にかぎったことではありません。アフリカのサバンナでライオンや豹《ひょう》が獲物を襲うのは、獲物が食事をしているときです。生き物はみな、食事をしているときに緊張感が緩むのです。

宝石や旅行のおねだり、結婚のお願いなど、言いにくいことはこの「ランチョン・テクニック」を使いましょう。

「ランチョン・テクニック」は、店の雰囲気や料理の味がよければよいほど効果的です。なぜなら、人はおいしい料理を食べているときは、料理を味わうことに専念したいため対立を避けようとするからです。「ノー」と言うためには、その理由を考えなくてはなりませんし、気分も悪くなります。それではせっかくのご馳走が台無しです。

彼を自分のなじみのお店へ連れて行くのもいいでしょう。なじみの店は自分のなわばり。余裕をもっておねだりすることができるはずです。

51
恋愛心理編

# 恋人の気持ちは人込みを歩けばよくわかる

人込みを歩いているとき、彼はあなたを守ってくれますか？
彼はあなたに歩調を合わせてくれていますか？
もし、両方ともノーなら早く次の人を探した方がいいかも。

ちょっといじわるですが、向こうから歩いてくる2人連れの間をわざと通り抜けようとして2人の反応を見るという実験を行なった心理学者がいます。

2人連れがとった行動は、2人一緒によけるか左右に分かれて間を通すのどちらかですが、実験の結果、「2人一緒によける」という行動をとったのは、男女のペアが8割以上、女性のペアが約6割、そして男性のペアの場合は4割にとどまりました。しかも、2人の関係が親密なほど「2人一緒によける」ということがわかりました。

もし、彼のあなたに対する気持ちが知りたかったら、人込みを歩いてみてください。正面から歩行者が来たとき、彼があなたに寄り添うようにしてよけたとしたら、あなたに好意を持っているか、あなたに好意を持ってもらいたいと思っています。

もし、あなたとの間を通そうとしたら、彼はあなたに対してあまり好意を持っていない可能性があります。

もちろん「たまたま」ということもありますから、何度かためしてみるといいでしょう。

彼の気持ちは歩くスピードでも

一緒によけてくれなければ脈はない!?

わかります。一緒に歩いているとき、あなたのことを置いてどんどんひとりで歩いて行ってしまうようなら、あなたに好意を持っていない可能性大です。

「早くしないといい席がなくなっちゃうよ！」

映画館へ向かうとき、そう言って先に行ってしまう男性がいますが、それはあなたよりも映画に興味があるからです。

普段は歩くのが速い男性でも、好意を持っている女性と一緒に歩くときには、歩調を合わせてくれるのがふつうです。

最後にもうひとつ。デートにはハイヒールを履いて行きましょう。ハイヒールは不安定ですから、ふらつくことがあります。そんなとき、あなたに好意を持っている男性なら、とっさにあなたの体を支えてくれるはず。その何気ない身体接触が、彼との親密度を高めてくれます。

52
恋愛心理編

# 寝相をそっとチェックして恋人の深層心理を知る

**人の性格は寝相にも出ます。夜中にそっと起きて、彼がどんな格好で寝ているかたしかめてみましょう。そうすれば彼の本当の気持ちがわかるかもしれません。**

一緒にベッドをともにするようになっても、彼が考えているすべてを知るのは不可能です。それどころか、親密になればなるほどわからないことは増える一方かもしれません。

そんなときには、彼の寝相をたしかめてみましょう。

**①胎児型（横向きで丸まって寝る）**　他人に対する警戒感が強く、自分の殻に閉じこもりがちです。その反面、いつも誰かに保護されたいという依存心も強く持っています。人付き合いが苦手で、常にストレスに晒されています。

**②半胎児型（横向きで少し膝を曲げて寝る）**　自分の利き腕を下にして寝ること

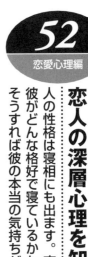

が多く、バランスの取れた安定した人柄を持っています。また、常識的で協調性にも富んでいます。ただし、人のよさだけが取り柄で、「毒にも薬にもならない」性格の場合も。安全パイかな。

**③うつぶせ型（うつぶせで寝る）** 母親にしがみついている姿をあらわしています。几帳面ですが自己中心的な性格の持ち主です。他人のミスを許すことができず、それがストレスの原因になることも。

**④王者型（仰向けに寝る）** 親の期待を一身に引き受けて育ったタイプで、自分に強い自信を持っています。安定した人柄で柔軟な性格を持っていますが、女性の細やかな感情を理解するのが苦手です。

**⑤抱きつき型（布団や枕を足で挟んで寝る）** 理想が高く、それを実現できないでいる人に多いタイプです。そのため、慢性的な欲求不満を抱えています。

**⑥冬ごもり型（布団に潜り込んで寝る）** 深い洞察力を持ったタイプで、物事を慎重に考えます。しかし、それ故にささいなことに悩み、大きなストレスを抱えることがあります。

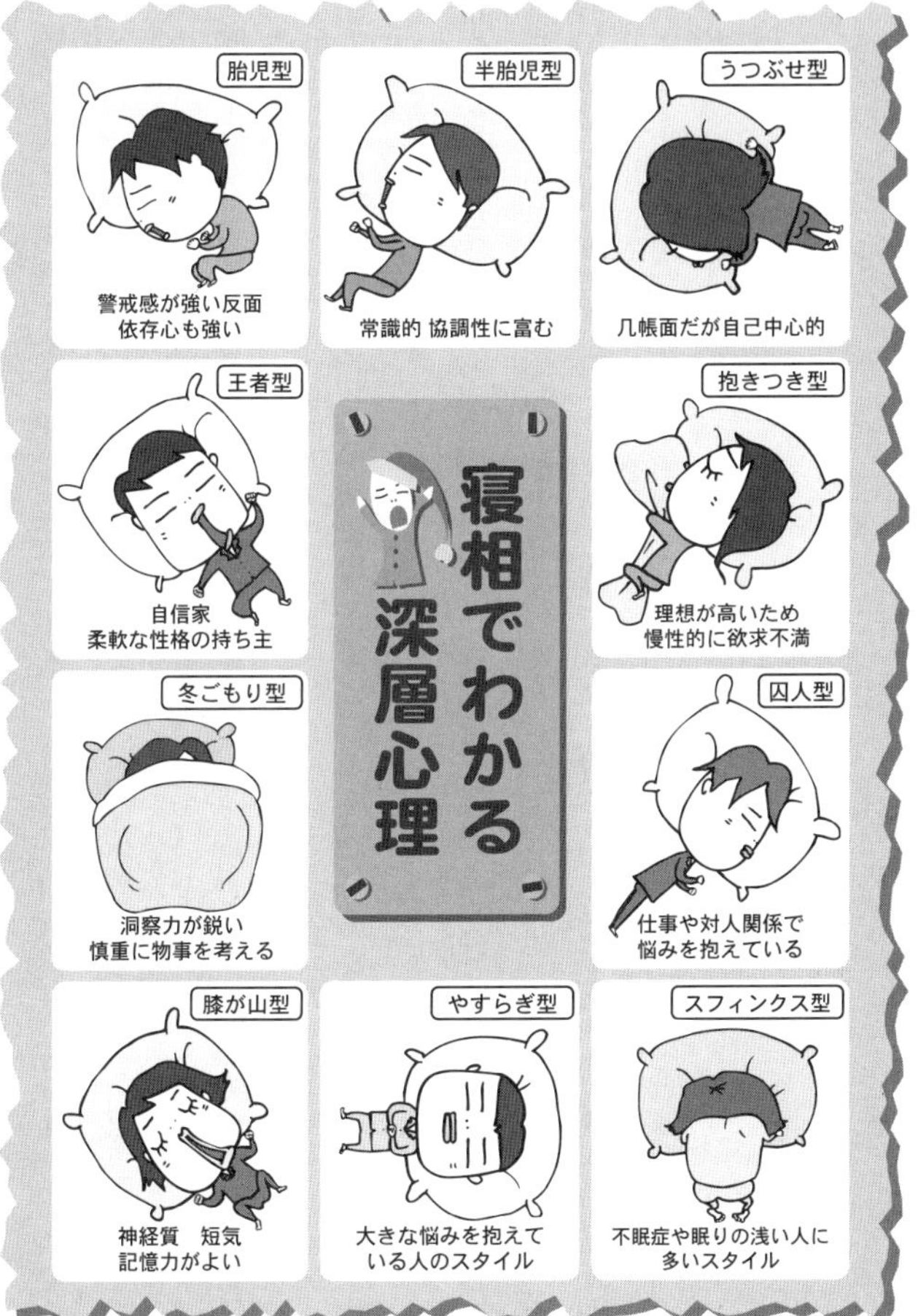

寝相でわかる深層心理
胎児型
警戒感が強い反面
依存心も強い
半胎児型
常識的 協調性に富む
うつぶせ型
几帳面だが自己中心的
王者型
自信家
柔軟な性格の持ち主
抱きつき型
理想が高いため
慢性的に欲求不満
冬ごもり型
洞察力が鋭い
慎重に物事を考える
囚人型
仕事や対人関係で
悩みを抱えている
膝が山型
神経質 短気
記憶力がよい
やすらぎ型
大きな悩みを抱えて
いる人のスタイル
スフィンクス型
不眠症や眠りの浅い人に
多いスタイル

**⑦囚人型（横向きでくるぶしを重ねて寝る）**　仕事や対人関係がうまくいっていない場合、このような寝相になります。くるぶしを重ねるのは不安のあらわれで、苦しみをあらわしています。

**⑧膝が山型（膝を立てて寝る）**　神経質で短気な性格です。記憶力がいい人に多く、しかしそれが仇となっていつまでも根に持ったりくよくよし続けます。

**⑨やすらぎ型（胸の上に両手を置いて寝る）**　大きな悩みを抱えている人のスタイルです。胸に手を当てているのは何かから身を守ろうとしているためで、日常生活を送っている最中に突然不安に襲われることがあります。また、肉体的な悩みを持っている場合もあります。

**⑩スフィンクス型（ひざまずいて背中を丸く持ち上げて寝る）**　不眠症や眠りの浅い人に多く見られるスタイルです。早く昼の世界に戻りたいと望んでいる子どもに多く見られます。

53

恋愛心理編

# 反対されるとなぜ愛は燃え上がるのか

「早く別れなさい！」の一言は火に油を注ぐようなもの。そう言われれば言われるほど2人の絆は深まり、愛する気持ちは激しく燃え上がるのです。

周囲から恋愛や結婚を反対されたカップルは、まわりに祝福されて結婚したカップルよりも幸福度や愛情度が上回っていることがわかっています。

その最も有名な例が「ロミオとジュリエット」でしょう。2人の家は対立しており、結婚できる可能性はほとんどありません。しかし、反対されればされるほど2人の愛は深まっていき、最後には死を選んでも悔いがないほどにまで達します。

このことから、周囲の反対によって2人の愛が深まることを「ロミオとジュリエット効果」ともいいます。

周囲に反対されたカップルが愛情や絆を深めていくのは、2人で危機を乗り越えたという共通の達成感を感じるからです。

逆に、お似合いのカップルといわれながら、いつまでも結婚しない人たちもいます。これは、現状で充分幸せなため、結婚という次のステップに踏み出そうと思わないからです。

結婚にはきっかけが必要だといわれますが、そのきっかけが彼らには見つからないのです。

娘の結婚や交際に大反対という親も多いことでしょう。しかし、いくら反対しても解決にはなりません。

54
恋愛心理編

# 恋人のウソを見抜くには話し方に注目を

人は基本的に正直にできています。
だから、ウソを隠そうとすればするほどボロが出ます。
いくつかのポイントを知っていれば、ウソは簡単に見破れます。

人はウソをつくとき、相手にバレないようにという考えが働き、普段よりも手短に答える傾向があります。

「週末、急に出張が入っちゃってさぁ」

たとえば彼がこう言ったとします。

「まさか女の人とどこか行くんじゃないでしょうね」とあなたが冗談交じりに聞いたとき、ふつうなら「え〜っ、なに言ってるんだよ。仕事にきまってるだろ。何なら一緒に来てたしかめてみるか?」などと長い返事が返ってくるはずです。

しかし、ウソをつく場合には、「仕事だよ、仕事」と、とりつく島もなく簡単に返事を終えてしまいます。

また、ウソをつくと受け答えが早くなる傾向もあります。普段は充分に考えてから答えることでも、ウソをつこうとするときには「あまりじっくり考えているとウソだとバレる」と思い込み、不自然なほど早く答えてしまうのです。

前述の質問にも、間髪入れずに答えた場合はかなり怪しいとみていいでしょう。同じような答えだとしても、少し間を置いてから答えた場合には信じてよさそうです。

55
恋愛心理編

# いつまでも抱いてくれない彼は接触と擬似行為で誘惑する

もっと深く愛されたいというあなたの気持ちが彼に伝わってないと感じることはありませんか？
そんなときには彼にそっと触れてみましょう。

交際を始めてから3カ月がたち、あなたは彼にキスをしてもらいたいなと思っています。しかし、彼はいっこうに気づいてくれません。自分から迫るわけにもいきませんから、こんなときには困ってしまいますよね。さて、どうしましょうか。

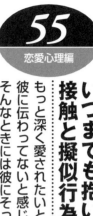

最も効果的なのは、彼の体の一部に触れることです。キスをしてほしいからといって、彼のあごを持ち上げる必要はありません。指先でも膝でもいいんです。とにかく彼の体に触れてみましょう。

人は自分の体に触れられると、冷静な判断力を失う傾向があります。相手が異性ならなおさらのことです。3カ月もたってキスしてくれないということは、彼はかなり真面目な男性ということ。その真面目さを失わせるために「接触」はとても効果的です。

もし彼があなたに対し嫌な印象を持っていないとしたら、彼は必ず手を握りかえしてくれたり、そっと抱いてくれるはずです。そこまでいけば、もうこっちのものです。

彼の体に触れる勇気がないという方には「擬似行為」をお勧めし

ます。これはイギリスの動物行動学者デズモンド・モリスが主張する理論で、「自分でこうしてほしいと思うことを、人は体で表現して相手に伝えようとする」というもので、いわば相手に「こうしてほしいの」と暗示をかける行為です。

もし、あなたが彼に抱きしめてもらいたいのであれば、両手で自分の体を抱きしめてみましょう。

「擬似行為」として伝わらなかったとしても、人間には無意識のうちに目の前の人のポーズを真似てしまうという「シンクロニー」という現象があらわれます。それに期待してみましょう。

さらに一歩踏み込むなら、そのポーズのまま唇をそっと舌でなめてみましょう。女性の唇は男性にセックスを連想させる力を持っていますから、よほど鈍感じゃないかぎり、彼は何かを感じてくれるはずです。

56
恋愛心理編

# 予知能力？　婚約時に不安を感じると離婚の可能性が高い

**最近はちっとも珍しくなくなった離婚ですが、できれば波風立てずに一生添い遂げたいものですよね。でも、世の中には必ず失敗する組み合わせがあります。**

銀婚式、金婚式を迎える夫婦もいれば成田離婚するカップルもいます。どのようなカップルの結婚が失敗してしまうのでしょうか？

社会学者のマーチンは、次のような4つのカップルには必ず危機が訪れると主張しています。

**①幻想を共有している夫婦**

157ページで触れた周囲の反対を押し切って結婚したカップルもこれに当てはまります。

結婚したての頃、2人の絆は深く強くひかれ合っていますが、それは自分たちが正しくて周囲が間違っているという幻想を共有しているから起きることです。どちらかが現実に気づき、まわりが正しかったのだと理解したとき、2人の間に必ず危機が訪れます。

### ②妻に母性を求める夫と支配的な妻の組み合わせ

このタイプの夫は妻に母性を求め、甘えたい、かまってもらいたいという気持ちが常にあります。しかし、妻はそれに応えるつもりはありません。このような夫婦に子どもが生まれると、妻は子どもにかかりっきりになり、夫は甘えの対象を浮気という形で外に求めるようになります。こうなれば破局は目に見えています。

### ③冷たい夫と愛情に飢えた妻の組み合わせ

妻は愛情を注いでもらいたいといつも思っていますが、夫はそうしてくれません。その理由には「仕事で忙しい」「もともと愛情表現が下手」などがありますが、理由はどうであれ、妻には「冷たい夫」としか映りません。

仕事が原因の場合、夫が会社での責任が重くなるにつれ妻の不満も高まっていくため、ギャップは広がる一方です。いつか必ず妻が爆発します。

### ④相互寄生的な夫婦

2人とも優柔不断で、何かトラブルが起きた場合、すべてを相手のせいにするタイプの夫婦です。実家の両親や自分の親戚に助けや同意を求めることが多いため、当然2人の関係は悪化していきます。

また、心理学者の詫摩武俊氏が32～33歳の既婚女性を中心に、700名以上の女性を調べたところ、自分の結婚生活があまり幸せではないと答えた女性は、交際中に次のようなことを経験したそうです。

①交際中に男性とあまり話し合いができなかった。
②交際中に将来の不安を感じた。
③婚約するまでに何らかの問題が発生した。

これらがみなさんの結婚にも当てはまるとはいえませんが、もしあなたが将来に不安を感じているとしたら、残念ながらその予感は当たる確率が高いようです。結婚を人生の墓場にしないようお気をつけください。

## 離婚の可能性の高い夫婦

①幻想を共有している夫婦

②妻に母性を求める夫と
支配的な妻

③冷たい夫と愛情に飢えた妻

④相互寄生的な夫婦

57
恋愛心理編

# 具体的な話をしながら結婚話をすると男は逃げ腰になる

結婚後の生活設計のこと、あなたは考えていますか？ もし考えていたとしても、まだ彼には話さない方がいいでしょう。男性は現実的な話をされると逃げ出したくなるのです。

いざ結婚が決まるとさまざまな不安に襲われ、憂うつになることがあります。一般的にこれをマリッジ・ブルーといいます。最悪の場合、婚約解消というとんでもない事態にまで発展します。

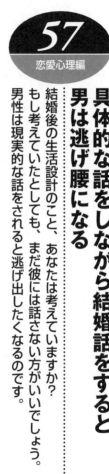

マリッジ・ブルーは女性にも男性にも起きますが、男性の場合、ひとりの女性を保護しなければならない（たとえ共働きだったとしても）という重圧や、自由な独身時代と別れる悲しみ、そして自分の少ない給料で本当にやっていけるだろうかという現実的な悩みなどが原因になることが多いようです。

女性は男性や結婚をとても具体的に考える傾向にあります。たとえば専業主

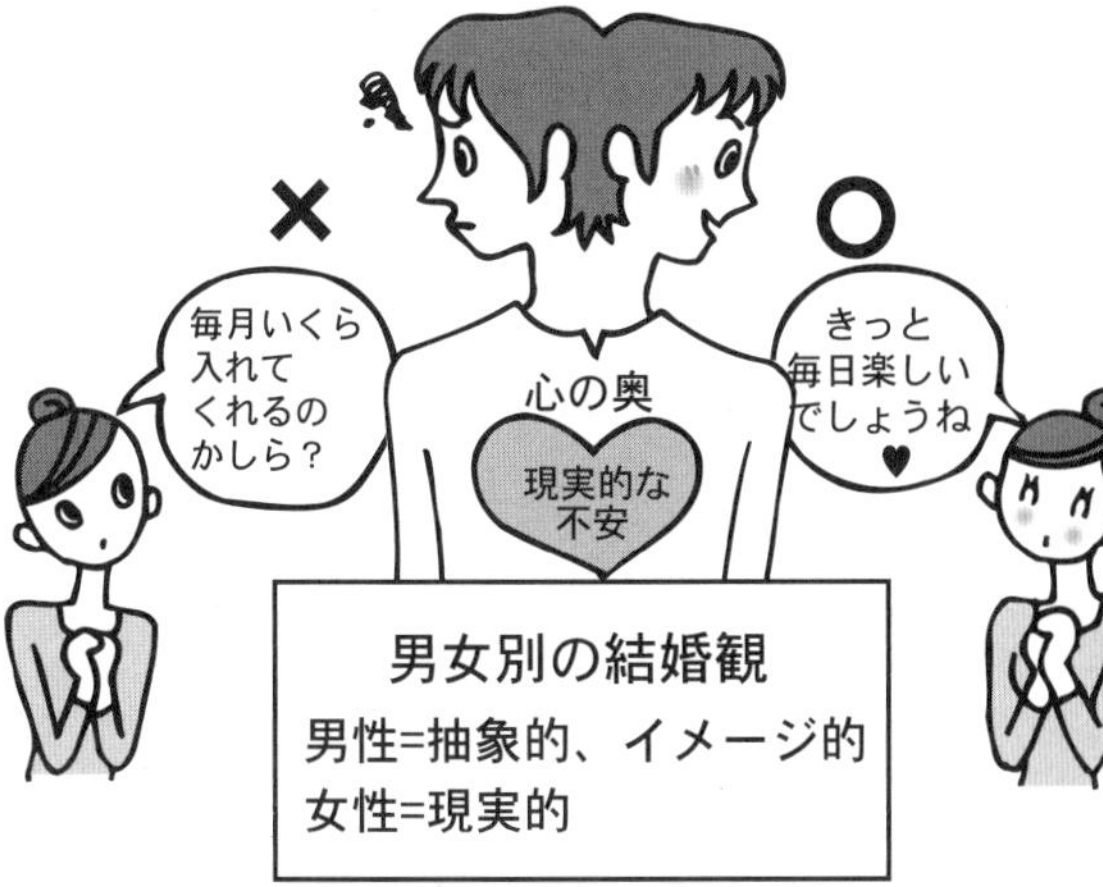
×
○
毎月いくら入れてくれるのかしら？
心の奥
現実的な不安
きっと毎日楽しいでしょうね
男女別の結婚観
男性=抽象的、イメージ的
女性=現実的

婦になる女性なら「毎月いくらぐらい家にお金を入れてくれるのかしら」「老後の生活にはいくら貯めればいいのかしら」など。

また共働きなら「結婚式は大安じゃないほうが安上がりだわ」「2人で一緒に暮らせば家賃が半分ですむわ」などなど。

みなさんも心当たりがありませんか？

しかし、結婚話と一緒にこんな話をするのはとても危険です。なぜなら男性は、結婚や女性に対して抽象的でイメージ的な印象を持っているからです。

いきなり生活費や子づくりのスケジュール、結婚式の予算の話などをされると、男性は大きなギャップを感じるとともに、考えたくなかった現実的な悩みを思い起こし、「引いて」しまいます。

そうならないためには、「あなたと結婚できたらどんなに素敵かしら」「きっと毎日が楽しいでしょうね」など、抽象的なイメージを語りながら結婚話を進めるとよいでしょう。

「男ってロマンチストで具体的なことなんか何も考えてないのよね」と言われる方がいますが、男だって考えているんです。ただ、思い出したくないだけ。

これからの生活の上であなたが心配してることは、彼だってちゃんと心配してます。だからご安心ください。

# 58

恋愛心理編

## 恋人が急に映画に誘うようになったら心変わりかもしれない

最近、デートのパターンが変わってきてませんか？
2人で親密な会話をしていますか？
まさか彼はデートに友達なんか連れてきませんよね……。

いままで「映画が好き」なんて一度も言ったことのない彼が、急に「映画を見に行こう」と言い出したら、あなたの恋愛に黄信号が灯《とも》ったと思っていいでしょう。

映画がいけないというわけではありません。143ページでも触れた通り、映画館はデートスポットには欠かせません。

問題は、デートの質が変わったという点にあります。

映画を見ている間、2人が会話を交わすことはほとんどありません。映画を見終わった後に食事をしても、話題は映画のことが中心になるはずです。

映画を見ることによって、彼は無意識のうちにプライベートな話題を避けようとしているのです。プライベートな話題が出なければ、当然親密度は低くなっていきます。

彼がデートの途中に友人を呼ぶようになったら、決定的です。もはや彼は2人だけのプライベートな空間を維持したくないのです。

そんなときには勇気を出して、結婚話を持ち出してみましょう。もし彼が話をはぐらかしたり、一般論としての結婚を語りだしたら、彼の心があなたから完全に離れてしまった証拠です。

59
恋愛心理編

# 愛は距離に勝てない？ 遠距離恋愛は成就しないことが多い

**愛があれば距離なんて関係ないわ……。みんなそう言います。しかし結末はほとんどの場合、無惨です。残念ながら愛が距離を超越するのはかなり難しいのです。**

アメリカのJ・ボサード教授がフィラデルフィアに住む5000組の夫婦を調査したところ、12%のカップルが婚約時にすでに同棲しており、33%のカップルが5ブロック以内の距離に住んでいたそうです。そして、婚約中に何らかの事情で引っ越し、住んでいた場所が遠く離れたカップルほど別れる比率が高いことがわかりました。

このように、2人の物理的な距離が遠くなればなるほど結婚に至る確率が低くなることを「ボサードの法則」といいます。

では、遠距離恋愛を成功させる方法はないのでしょうか？ 126ページで

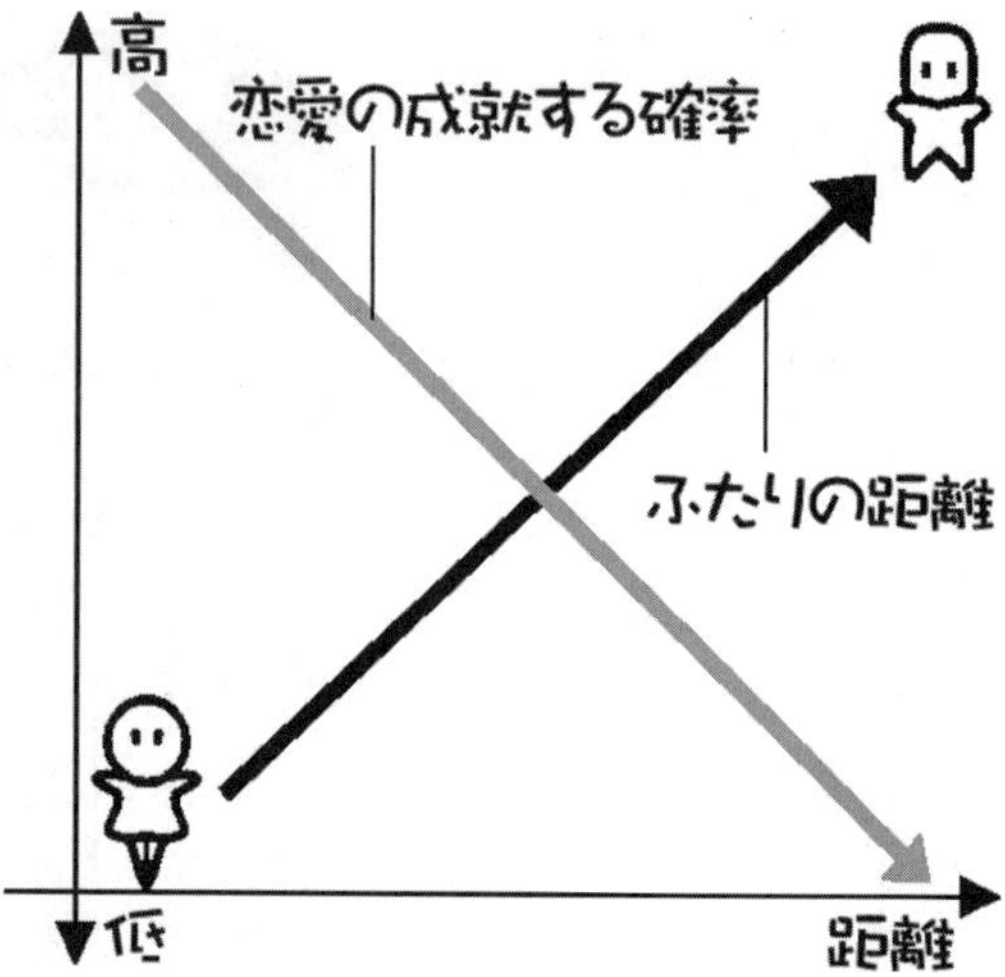


も触れたように、人は繰り返し目に触れる人のことを好きになりますから、遠距離恋愛でも頻繁に会えばいいのです。

しかし、経済的な負担が大きいのもたしか。そんなときには、せめて電話やメールを欠かさないようにしましょう。

また、恋人を転勤させた会社や上司を悪者にして「ロミオとジュリエット効果」を使うのもいいでしょう。

とにかく、何らかの方法で「2人は繋がっているんだ」という意識を相手に持たせることが大切です。

60
恋愛心理編

# 出会い系サイトで犯罪が起きやすい理由

短い文面のメールから相手の感情をつかみ取るのは至難の業。だからこそ、自分の都合のいいように解釈してしまいます。誤解が誤解を呼び、やがてそれは取り返しのつかないことに……。

２００３年中に起きた出会い系サイト絡みの事件のうち、殺人や強盗など重要犯罪は１３７件にも達したそうです。しかもその被害者の90％以上が女性でした。

ふつう、人は表情やしぐさを加味して相手の言っていることを総合的に判断します。顔が見えない電話でも、声の調子である程度相手の気持ちをつかむことができます。

しかしメールの場合、相手の感情の起伏をつかむヒントはほとんどありません。そのため、メールを受け取った人は、あいまいな部分を自分の都合のいいように解釈する傾向があります。これを「妄想性認知」といいます。

これが高じると、やがてメールの相手は自分を愛してくれているに違いない、自分を理解してくれているに違いないと思い込んでしまうのです。

ところが、メールのやりとりで親しくなったメル友に会ってみると、様子がずいぶんと違います。あげくのはてに、会いに来たことを迷惑がられる始末。

そのあまりにも大きなギャップに驚き、怒りがふつふつと込み上げてきます。そして、ときには殺人事件にまで発展してしまうのです。

61
恋愛心理編

# 恋人の心があなたから去っていく決定的な一言とは

「親しき仲にも礼儀あり」という言葉と同様、親しき仲でも言ってはいけない言葉があります。長年培ってきた愛情が一瞬にして消えてしまうこともあります。

銀座の高級クラブのホステスさんがお客さんの前で絶対に使ってはいけない言葉があるそうです。

それは「ハゲ」。

最近のカツラはよくできているため、たとえ目の前のお客さんがハゲていなくても、この言葉は絶対に使わないそうです。もし、お客さんがカツラの愛用者だったら、指名どころか二度と店に来てくれないとか。人は気にしていることを言われると腹立たしく感じるものです。

それと同じように、男女関係でも絶対に言ってはいけない言葉があります。

男性の場合、会社でのポジション、給料の額、学歴など、自分の能力に関することを指摘されることをとても嫌がります。なかでも、「お隣の＊＊さんは部長なのよね」などと誰かと比較するのはタブー中のタブーです。

また外見や性格、セックスにまつわること、そして両親の恥になることを指摘することも禁物です。

付き合っていればケンカをすることもあるでしょうが、これらの言葉にはくれぐれも注意してください。たった一言で愛し合っていた2人が別れることもあります。

62
恋愛心理編

# 自分のことを「自分」と言う健さんは小心者？

あなたの彼は、自分のことを何と呼んでいますか？ 呼び方によって彼の性格や気持ちがわかります。お勧めは「自分」と呼ぶ男性。大切にしてくれます。

「自分は不器用ですから……」

テレビCMで高倉健さんがこう言っていたのを覚えてる方、いらっしゃいませんか？

健さんのように「自分」と呼ぶ人はスポーツ選手などに多く、強さや男臭さ、硬派なところを強調したいために使います。しかし実際には内気で気が小さいところがあります。また、スポーツ選手に多いことからもわかる通り、上下関係や自分の地位に敏感なところがあります。彼が「自分」と言ったら、あなたを敬ってくれていると考えればよいでしょう。

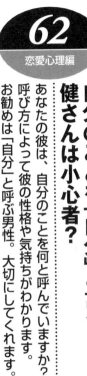

自分のことを「自分」と呼ぶあなたは
男臭さや硬派なところを強調したいのね
でもほんとは
内気で気が小さいところがあるんでしょ。
自分は
不器用な
人間
ですから

ふつう「わたし」は仕事上使う言葉で、女性に対して使う言葉ではありません。それにもかかわらず「わたし」と言う人は、自分が一人前の男だということ、大人っぽいところをあなたに伝えたいと思っています。つまり、逆に考えれば子どもっぽいところがあるということ。

「ぼく」と言う男性はさらに子どもっぽく、幼児的な気質を持っています。優しい反面、気まぐれな一面も持っている男性で、振り回される可能性大です。

「俺」と言う男性は、あなたと遠慮

なく付き合いたいと思っていますが、少しデリカシーに欠ける場合があります。

また、「あ～あ」とよくため息をつく男性がいます。このタイプの男性には、妄想的に被害者意識の強い人が多いようです。

この「あ～あ」というため息には「すべては＊＊のせいだ」という気持ちが隠されています。「いつも誰かに利用され、損ばかりしている」と思い込み、積極的に踏み込むことも仕事で誰かに先んじることもしません。そんなことをすれば、また誰かに利用されると思い込んでいるからです。

どうしようもない男のように思えますが、このタイプの男性は、愛する人を守るためならたとえ火のなか水のなか……という使命感に燃えています。

もしあなたが人生は波風がたたないのが一番とお思いなら「自分」と言う人か、ため息をつく人がいい相手かもしれません。

# Part 3

# ビジネス心理編

長引く不況、デフレ経済、リストラなど、
ビジネスパーソンを取り巻く環境は日々厳しくなっています。
そこを生き抜くために欠かせないのが心理学的観察力です。
相手の本音を知ることができれば、
どんなときでも先手をとることができます。

63
ビジネス心理編

# 上司の真似をすると出世がみるみる早くなる

**尊敬する上司や先輩のしぐさやしゃべり方を知らぬ間に真似《まね》していることはよくあります。それを応用すれば、出世すること間違いなしです。**

「出世をしたければボスの猿真似をしろ」

生き馬の目を抜くアメリカのビジネス界で語られている言葉です。ヘアスタイル、ファッション、コーヒーカップ、車、趣味、そしてしゃべり方まで、とにかく何でもかんでもボスの真似をする。気持ち悪いと嫌われそうな気もしますが、実際は効果絶大。実践する人は、しない人よりも明らかに出世が早いそうです。

わざと真似しないまでも、尊敬する先輩や上司と仕事をしていると、いつの間にかしゃべり方や持ち物などが似てくるというのはよくあることです。みなさんも、大なり小なり経験があるのではないでしょうか。

恋愛編でもご紹介しましたが、人は「類似性の要因」で、自分と価値観や性格、趣味などが似ている人に好意を持つ傾向があります。何もこれは男女間にかぎったことではありません。

同じ学生寮で生活することになった17人の男子学生たちを追跡調査したところ、彼らは次第に趣向、態度の共通したグループをつくっていきました（類似性の要因）。しかも、仲のよい友人に自分と似たパーソナリ

類は友を呼ぶ
君、今日から課長
類似性の要因
自分と価値観や性格、態度趣味などが似てる人に好意を持つ

ティを持つと思い込む傾向のあることがわかりました。さらに、自分が望ましいと思う性格に関してはとくにその傾向が強かったのです。

つまり、ボスの真似をしているだけで、いつの間にかボスに好かれ、さらにあなたの性格を望ましいと思い込んでくれるということ。まさにこれは好循環。ボスに好かれれば出世しないわけがありません。

とはいうものの、男性のボスの場合、ヘアスタイルやファッションを女性が真似るのは難しいものです。しかし、身振りや話し方を真似ても効果的ですので、まずはそのあたりから始めてみてはいかがでしょうか。

真似の原則は、相手の行動に自分を合わせることです。媚《こ》びてるなんて思わないこと。アメリカのビジネス界では常識的に行なわれてることなんですから。

64
ビジネス心理編

# 初対面の印象が悪いと会えば会うほど嫌われる

初めての人に会うときには細心の注意を払いましょう。なぜなら人は第一印象で悪いイメージを持った人に対し、なかなかよい印象を持つことができないからです。

仕事上で、初対面のときによい印象を与えることはとても大切です。それは、ソロモン・アッシュが行なった実験によっても明らかです。

彼はA、B2つのグループに分けた被験者たちに、X氏の性格を次の順序で聞かせました。

**※グループA**

①X氏は知的です。
②X氏は勤勉です
③X氏は衝動的です。

④X氏は批判力があります。
⑤X氏は強情です。
⑥X氏は嫉妬深いです。
※グループB
①X氏は嫉妬深いです。
②X氏は強情です。
③X氏は批判力があります。
④X氏は衝動的です。
⑤X氏は勤勉です。
⑥X氏は知的です。

つまり、2つのグループに聞かせた内容は同じで、その順番が違うだけです。

その結果、グループAの被験者た

ちがX氏によい印象を持った（「批判力」という言葉を好意的に解釈した）のに対し、グループBは悪い印象を持つという対照的な結果が出ました。

つまり、人は一番最初に得た情報でき上がった印象に基づいて、後の情報を歪んで解釈するということです。これを「初頭効果」といいます。

初対面で悪い印象を持った相手は、あなたがどんなことをしてもそれを悪くとるため、結果的に会えば会うほど嫌われることになります。

では、その悪い印象を解消することはできないのでしょうか？

「新近効果」といい、人はより新しいイメージに影響を受けやすいこともわかっています。初頭効果で与えてしまった悪いイメージ以上のよいイメージを与えることがポイントです。

注意したいのは、第三者を通して事を運ぼうとすると、ますます相手はあなたに対して不信感を募らせるということです。

あなた自身が「誤解だ」ということを伝え、よいところを認めてもらいましょう。

65
ビジネス心理編

# 自分に自信がない女性は「デキる女」になりやすい

あなたは自分のことを駄目な女だと思っていませんか。もしそうだとしたら「自分はデキる女だ」と思い込みましょう。みるみるデキる女に変わっていくはずです。

催眠術にかかりやすい人のことを「被暗示性が高い」といいます。一般的に女性の方が「被暗示性」が高いといわれています。

ところで暗示とは、他人に与えられた言葉やジェスチャーなどによって行動や考え、感情などの変化を無批判に受け入れるようになることを指します。

「キミには無理だよ」

「あの大学はレベルが高いからあなたには無理よ」

そう言われて、自分でも「そうよね」と思い込んだことありませんか？　自己評価の低い女性、つまり自分に自信がない女性には、暗示にかかりやすい傾向があります。

暗示にかかりやすいというと、ネガティブな面ばかりが強調されますが、逆に考えれば「私にはできる」「トップまで上り詰めてやる！」とポジティブな暗示にもかかりやすいということです。自分に自信が持てないあなたは、ポジティブな自己暗示をかけて、デキる女に変身しましょう。

実は、自己評価の低い人は275ページで取り上げる「社会的承認欲求」が強いこともわかっています。自己暗示をかけてその欲求を成就させましょう。

66

ビジネス心理編

# 言い訳のしかたでデキる男を見分ける

部下や同僚を怒ったとき、相手はどんな反応を示しますか?
「すいません」と最初から謝るようなら期待薄です。
「しかし……」と反抗する男を探しましょう。

いまや男性の部下を持っているキャリアウーマンも珍しくありません。ときにはミスを犯した部下を怒らなければならないこともあるはずです。

そんなときには部下の反応を見て、彼がどの程度有能かを判断しておきましょう。

最近多いのが、怒られると押し黙ってしまう男性です。彼は家でも学校でも怒られたことのない甘えん坊です。怒られるという大きなストレスに晒されたことがないため、頭の中が真っ白になり、何も言えなくなってしまうのです。

筋道の通った言い訳をする男性なら見込みありです。二度と同じようなミスを犯さないよう、努力するタイプです。「しかし……」と勇敢にも反論する男性もマルです。反論は自分に自信がある証拠。地位や身分といった余計なことに惑わされず、信念を持って仕事をこなすタイプです。こんな部下は絶対に手放さないことです。

それに対し、一言も反論せず、ただひたすら謝る男性は望み薄です。「怒られたら謝ればいい」と考えていて、今後もミスが減る可能性はありません。

そんな部下はさっさとお払い箱にしましょう。

67
ビジネス心理編

# 顔の左側に注目すれば、相手の本音がよくわかる

「顔で笑って心で泣く」ビジネスではよくあることです。しかし、泣いているのは心だけではありません。人間は無意識のうちに左側の顔でも泣いています。

仕事で接する人が、本音を表情に出すことはほとんどありません。「いい条件の取引だな」と思ってもブスッとした表情を浮かべ、さらに値引きを迫ってくる人もいますし、内心「ダメだな」と思っていても笑顔を浮かべられる人もいます。

しかし、本音を100%隠しきることができる人はそういるものではありません。とくに、顔の左側（あなたから見た場合は右側）には本音が出やすいといわれています。

幸福（喜び）の表情、悲しみの表情、怒りの表情、恐怖の表情、驚きの表情、

人間の6つの基本表情(感情)
幸福
恐怖
驚き
嫌悪
悲しみ
怒り
右
左
いいんだよ 気にしなくて
幸福以外、5つの表情が左側に強くあらわれる

嫌悪の表情。

　心理学では、人間にはこの6つの基本感情（表情）があるとされています。

　アメリカの心理学者ハロルド・サッカイムは、その6つの基本感情をあらわしたX氏の顔写真を半分にし、右側だけの顔と左側だけの顔を合成（反転して、片側の顔からひとつの顔をつくり出す）して、被験者たちに見せて、どのような印象を持ったか語ってもらうという実験をしました。

　その結果、「幸福の表情」以外の5つの表情は、左側の顔に強くあらわれることがわかりました。

ポーカーフェイスを装っている人も、顔の左半分を注意して観察すれば、どのような感情を持っているかわかります。

また、子どもたちに、顔の左右で表情の違う人物の絵を一瞬だけ見せて、その絵からどんな印象を受けたか調べたところ、子どもたちは圧倒的に左側の表情についての印象を述べたという実験結果もあります。

つまり、相手の表情は顔の左側に出ますが、相手も無意識のうちにあなたの左側の表情に注目しているということ。

このことから、商談のときの着席位置の注意点が明らかになってきます。相手の左側の表情（本音）が読めて自分の左側の表情（本音）を隠すことができる場所に座るのがベスト。間違っても商談相手の右側や、あなたの顔の左側に照明が当たる席に座ってはいけません。

68
ビジネス心理編

# 使っている手帳で相手の性格はここまでわかる

あなたの周囲の人たちはどんな手帳を使っていますか?
整理整頓されたシステム手帳を使っている人なら、
あなたとの約束をきっと守ってくれるはずです。

あなたの上司や取引先の担当者はどのような手帳を使っていますか? 会社から支給された手帳でしょうか、それとも電子手帳?

なに、気にしたことがない! それはいけません。どのような手帳を使っているかを見れば、ある程度その人の性格を知ることができます。

大企業では、毎年自社製の手帳を配布するところが多いようです。毎年そのような会社支給の手帳を使っている人は、会社への忠誠心が強く、会社の意向を重視する傾向にあります。

「会社には内緒で値引きしておきます」「会社より人間関係が大切ですから」

こんなことを言ったとしても、会社の手帳が「ウソ」といっています。

毎年同じ手帳を買っている人は、忍耐強い性格の持ち主ですが、それと同時に融通のきかないタイプでもあります。

「そこをなんとか……」

という手のお願いは、このタイプには効き目がないでしょう。

毎年新しい手帳を買う人は、探求心、好奇心が旺盛で、向上心も強いタイプです。ただし、飽きっぽいともいえます。理想と現実のギャップに悩み、イライラしている場合もあ

ります。

リフィルだけ交換できるシステム手帳を使っている人は、合理主義者で生真面目なタイプ。約束や仕事の期限などもよく守ってくれます。ただし、システム手帳の中に何でも詰め込み、パンパンに膨れ上がっている人は、判断力に問題があり、行動力も欠如気味。いまの生活が単調なことに不満を抱えている場合もあります。

なかには数万円もするブランド物のシステム手帳を使っている人もいますが、そんな人はやや移り気なところがあります。

年々電子手帳は進化を遂げていますが、まだまだ使い勝手はいまひとつ。それにもかかわらず電子手帳を使い続けている人は、新し物好きか「俺はハイテクに強いんだ」と周囲に主張したい人です。細かな作業を苦にしないタイプでもあります。

69
ビジネス心理編

# こんな言葉を口にする人と仕事をするときは要注意

当たり前のことですが、仕事に言い訳は禁物です。
それにもかかわらず、仕事をする前から言い訳をする人がいます。
そんな人は自信のない証拠。すでに勝負に負けています。

「ウチの部署では」
「ウチの考えは」

ビジネスで使うなら「私」や「当方」という言葉が適切にもかかわらず、「ウチ」という言葉を使う男性がいます。もし、交渉相手にこのような言葉遣いの男性があらわれたら、難航のおそれがあります。

ウチは「内」もしくは「身内」をあらわしている言葉です。精神的に自立し切れていない未熟な男性が使うことが多く、彼は「ウチ」という言葉を使って、無意識のうちにあなたは「外側」の人間だと主張しています。よそ者を排斥す

る傾向が強いため、契約を結んだり親しくなるのは難しいでしょう。
もし、あなたの仕事上のパートナーが聞きもしないのに「疲れた」「昨日は徹夜しちゃってさ」などと言ったら、直面している仕事に対し弱腰、自信のなさをあらわしています。
彼は、あらかじめそのような言い訳をして、ハンディキャップがあったことをあなたと自分自身に納得させています。「だからダメだったんだよ」と、失敗したときの自尊心を守ろうとしているのです。
「昔は羽振りがよくってさ」

と、自分の昔話をよく口にする男性がいます。彼らはいまの自分に自信がないため過去の栄光を口にするのです。

ある特定の項目で際立った評価がある人は、他の項目でも高い評価を受ける傾向にあります。これを「後光効果」または「ハロー効果」といいます。

アメリカの大学で行なわれた調査によると、美人と評価された女子学生ほど成績がよいことがわかりました。美人だから頭がよいというわけではなく、後光効果によって指導教官が惑わされているのです。

人は無意識のうちに自分の後光を探そうとします。いま現在の自分に誇れるところのない男性は過去の栄光を口にして、それを後光にしようとします。

過去の栄光を口にする男性には、現在の自分を他人と比べられたくない気持ちもあります。

# 70

ビジネス心理編

## 大きなお願いをする前には小さなお願いをしておく

とても聞き入れてもらえそうにないお願いがあるときは、まず、簡単なお願いから始めてみましょう。相手がそれを聞いてくれたら、次は本命のお願いです。

突き詰めてしまえば、仕事は「お願い」の連続です。商品を買ってください、取引をしてください、取材に応じてください……などなど。そのお願いを上手に聞いてもらうワザが「フット・イン・ザ・ドア」というテクニックです。これは、ドアを開けた瞬間にセールスマンが足を挟み入れ、閉めさせないことに由来しています。

アメリカで大変面倒な調査を依頼する場合、どのような方法でお願いすれば最も協力してくれるかという実験が行なわれたことがあります。お願いの方法は次の3パターンです。

①突然訪問して調査を依頼した。
②「＊時に調査に伺いますので、ご協力をお願いします」と事前に連絡をしてから依頼した。
③まず最初に簡単なアンケートに協力をしてもらい、その後に面倒な調査を依頼した。

結果は歴然としていました。③の方法で依頼した場合、半数以上の人が協力してくれたのです。ちなみに、①と②はそれぞれ2割前後の協力しか得られませんでした。

人は無意識のうちに、同じ相手に対して自分の言動に一貫性を持たせ

ようとします。つまり、一度「いいですよ」と言ってしまうと、二度目に「ダメ」とは言いづらいのです。

このように、相手に断わられそうな難しいお願いをするときには、事前にOKしてくれそうな簡単なお願いをしておきます。そうすると、本命の難しいお願いも通る可能性が高くなります。

ただし、このテクニックを使うには注意が必要です。まず、事前の簡単なお願いは、本命のお願いと関連があるものにすること。まったく関連性のないお願いでは通用しにくくなります。

もうひとつは、何度も使える手ではないということ。一度や二度は先方も「しかたないな」と思うでしょうが、度重なると「また同じ手できたな」と悟られ、最初の簡単なお願いも断わられてしまいます。「フット・イン・ザ・ドア」はいざというときの奥の手と考えてください。

71
ビジネス心理編

# つらい仕事ほど安い給料で満足できる

なぜ人は一銭にもならないボランティアをして満足げな表情を浮かべるのでしょうか？
実は、一銭ももらえないからこそ幸せなのです。

仕事の都合でアルバイトを使うこともあるでしょう。バイト君たちは「つまらない仕事」と文句を言っていませんか？　もし言っているとしたら、それは彼らに支払っているバイト代が高すぎるからかもしれません。

私たちは当然のように「バイト代をたくさん出せば喜んでくれるだろうし、それだけたくさん仕事をしてくれる」と思い込んでいます。しかし、アメリカの社会心理学者L・フェスティンガーが唱えた「認知的不協和理論」によれば、「労働者は科せられた労働が過酷であればあるほど、安い賃金でも満足しやすい」というのです。

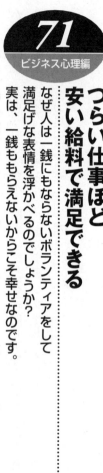

アメリカである実験が行なわれました。グループを2つに分けて両者に単調な仕事をさせ、一方には20ドル、そしてもう一方には1ドルしか支払わなかったところ、1ドルしかもらっていないグループの方が「楽しかった」と答えた人の数が多かったという結果が出ています。

ストレスがかかる仕事をしたにもかかわらず1ドルしかもらえなかった（面倒な仕事と、たった1ドル、これが不協和です）グループは、自分が低く評価されたと考えたくないため、「この仕事は自分のためにやってるんだ。楽しいからやってるんだ」と自分に思い込ませることによって、納得します。

しかし、20ドルもらったグループは、仕事のストレスをお金で解消させようとしますから、どうしても仕事には愛着が持てません。

ボランティアをやっている人たちは、無報酬にもかかわらずみな楽しそうです。しかしこれは、「認知的不協和理論」で考えれば当然のことなのです。もしボランティアでやっていることを、給料をもらってやるようになったら、ばかばかしく感じてしまうかもしれません。

ところで、あなた自身はいまの仕事や給料に満足していますか？　もし満足しているとしたら、それは給料が安すぎるからかもしれません。

72
ビジネス心理編

# お互い傷つかず依頼を断わるためにはどうしたらいい？

どうしても相手の頼みを断わらなければならないとき、あなたは何と言って断わっていますか？

わけのわからないモノのせいにするのが断わり方のコツです。


仕事上、どうしても相手の頼みを断わらなければならないということがあります。そんなとき、みなさんはどんな断わり方をしていますか？

「断わりを入れる」というフラストレーションを体験したときの、人の行動特徴から、断わり方は次の3タイプに分けられます。

**①自罰タイプ**
「私の力不足のせいで」とすべての責任を自分でかぶってしまうタイプ。

**②他罰タイプ**
「もう少しそちらが譲歩してくれれば」「上司がどうしてもＯＫと言ってくれ

ないものですから」と、すべての責任を他人になすりつけてしまうタイプ。

**③無罰タイプ**

「なんだかよくわからないんですけど、うまくいきませんでした」「時節柄……」と〝何か〟に責任を押しつけるタイプ。

相手に最も嫌われるのは、当然②の他罰タイプです。冗談じゃないと立腹され、後々こちらから他のお願いをしても、聞き入れられない可能性が大です。

①の自罰タイプは相手には嫌われ

ませんが、あなた自身に大きなストレスがたまり、仕事にも消極的になりがちです。

③の無罰タイプは「なんていい加減なやつだ」と思われがちですが、②のように根に持たれることはありませんし、ストレスも増えません。リストラ、競争激化と、ただでさえストレスが多い昨今、③の無罰タイプでさらりと受け流すのがお互い最も傷つかなくてよい断わり方といえるでしょう。

「今週中に子どもの学校の入学金を振り込まなくちゃいけないんだけど、どうしても20万円だけ都合がつかないの。来月ボーナスが出たら必ず返すから貸してくれない？」

こんな頼みを受けたときにもきっぱり断わるのではなく「貸してあげたい気持ちはあるんだけど、持ち合わせがないの」と、「お願いを聞いてあげたいんだけど、聞くことができない」という含みを持って断われば、関係に傷がつきにくくなります。

73
ビジネス心理編

# 相手の狡猾なウソは手の動きで見破る

**相手の言っていることが本当かどうか見抜けたら……。そう思うことがありますよね。そんなときには手に注目を。ここに紹介した7つのしぐさが出たらウソ注意報です！**

政府は景気が回復していると言い張りますが、その実感はまったくありません。少ないマスを取り合わなくてはならないため、どの会社の営業マンも必死です。なかにはウソをついてでも契約を取ろうと考えている姑息な営業マンもいます。そんなウソを見破るときに有効なのが、相手の手に注目することです。ウソを手で見破るポイントは次の7つです。

**①目や口を手で隠す**

口を触るのは、ウソを言っているところを隠したいという心理が働いているから。口全体だけではなく、指先で唇を掻《か》くような動作をする場合もあります。

サッ…サッ
ご契約でよろしいですね？
ウソをつくときの手のしぐさ
目や口を手で隠す
メガネをいじる
鼻に触れる
たばこを頻繁に吸う
etc…

**②鼻に触れる**

口を覆うとウソがバレると思った結果、手は鼻へ行きます。ウソをつくと緊張が高まり、鼻の粘膜が乾くために手を持っていくのだという説もあります。

**③メガネをいじる**

**④ポケットに手を入れる**

手の動きでウソがばれるのではないかと恐れ、隠してしまいます。

**⑤肝心の話題に入ったと同時にたばこを頻繁に吸うようになる**

愛煙家は緊張するとたばこを吸う本数が増えることがわかっています。

**⑥指をもてあそぶ**

**⑦手を背後に隠す**

これも④と同様に、手でウソがばれると思って行なう行為です。

さらに、手だけではなく、表情にもウソはあらわれます。

表情がなくなる　偽りの表情を浮かべるのは難しいため、無表情を装ってウソがばれないようにします。

不自然な表情をする　よほどシビアな話をしないかぎり、商談で顔が引きつったり、眉間に皺を寄せたりはしないものです。

まばたきが多くなる　まばたきは不安や緊張を感じたときに多くなります。ウソをつこうとすると、相手にバレないだろうかと緊張し不安を感じますから、当然まばたきが多くなります。

大ウソつきの営業マンにだって多少の罪悪感はあります。その罪悪感がシグナルを発してしまうのです。

74
ビジネス心理編

# 人を誉めるときには人づてに誉めると効果的

人づてに聞いた悪口は、直接聞くより気分を害するもの。逆もまた真なりです。誰かを誉めるときには、人づてに伝わるよう、人間関係を考えて誉めましょう。

恋愛編の133ページで「けなしてから誉めると効果的」とご紹介しました。これは、仕事の上でもいえることです。

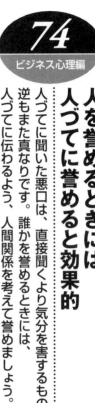

「＊＊さんは机の上は汚いけど、仕事が早いわよね」と、たわいない非難をした後に誉めるようにしましょう。

ところで、もうひとつ効果的な誉め方のテクニックがあります。それは、「人づてに誉める」こと。

たとえば取引先の担当者だったら、彼の上司に「＊＊さんの仕事はすばらしい」と伝えておくのです。上司から「△△さんがキミのことを誉めてたぞ」と言われた場合、直接誉められたよりもはるかにあなたに対する好感度は高くなります。

部下を誉めるなら、その部下と親しい社員に何気なく言っておくといいでしょう。食事や飲みに行ったときに、「△△さんがこんなこと言ってたぜ」と伝わるはずです。

ただし、誉め言葉と同様、悪口も必ずこうして本人に伝わりますから、くれぐれも口にしないこと。皆さんも経験があるでしょうが、人づてに伝わった悪口は、直接言われるよりもよほど気分を害するもので、人間関係を壊しかねません。

# 75

ビジネス心理編

## ついつい本音が出る言い間違いを聞き逃さないこと

思わず出てしまった本音に狼狽したことはありませんか？ 隠そうとすればするほど、本音をポロリと漏らしてしまうもの。相手の言い間違いを聞き逃してはいけません。

私たちはしばしば待ち合わせの時間を言い間違えたり、人の名前を取り違えたりします。

これを心理学用語で「錯誤行為」といい、そのなかには「言い間違い」「聞き間違い」「書き違い」「読み違い」などがあります。

フロイトは、すべての間違いのなかには無意識的な意図や欲望が隠されていると指摘しています。つまり、言い間違いをした人は無意識のうちに本音を語っているということ。言い間違いを聞き落とさずしっかりチェックしておけば、相手が本当は何を言いたいのかをつかむことができます。

たとえば、中学校の公民の教科書に「雪国はつらつ条例」と書くべきところを「雪国はつらいよ条例」と書いてしまった出版社がありました。おそらく、編集者は「雪国は雪がたくさん降るのでつらい」と意識の奥底で思っていたのでしょう。そのため、文字校正のときにも気がつかなかったのです。

とくに、本人があわてて言い直したり、聞いてもいないのになぜ言い間違ったのか言い訳をする場合には、本音をポロリと漏らしてしまった可能性が高いといえます。

76
ビジネス心理編

# 電話で話しただけで、性格は相手に筒抜け

電話は言葉だけのコミュニケーションツール。相手はあなたの声を聞きながらイメージを膨らませています。いい印象を持ってもらうためにしゃべり方に気をつけましょう。

担当者と何度か電話でやり取りをした後、実際に顔を合わせるということは、仕事でよくあるパターンです。そんなとき、「想像した通りの人だった」と感じることはありませんか？

当たり前のことですが、電話で相手の表情を見ることはできません。だからこそ、人は相手がどのような人物なのかを声だけから判断し、探り出そうとします。そして、それはおおむね当たることが多いようです。つまり、それだけ声には性格があらわれるということ。

もちろん、そう思っているのは先方も同じです。そこで、どのような声が相

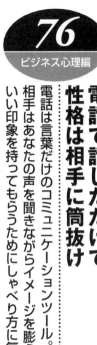

手にどんな印象を与えるのかをお教えしておきましょう。

①**早口で話す人**　生き生きしていて社交的な性格という印象。

②**大きな声で、語尾がはっきりしている人**　早口で話すのと同様、元気で社交的な性格という印象を与えます。ただし、男性がこのようにしゃべった場合には、精力的、洗練されている、ユーモアがあるととられることが多いようです。

③**朗々とした声でしゃべる人**　精力的、外向的な性格という印象を与えます。ただし男性の場合には、芸術

家肌、女性的という印象を与える場合もあります。

④**言葉に抑揚がない人**　思いやりがなく、引っ込み思案な女性ととられてしまいます。

⑤**力のない声でしゃべる人**　社交的、感情的、感受性が豊かというイメージを与えることが多いようですが、ときとして精神的に未熟という印象を与えることもあります。

⑥**甲高い声でしゃべる人**　享楽的、利己的な印象。

⑦**低音で野太い声**　不美人、病気を患っている、田舎者などのイメージを与えてしまいます。ただし、男性の場合は、現実的や気取っているという印象になります。

⑧**緊張した声**　興奮しやすい、感情的な女性をイメージされます。男性の場合には、頑固、ケンカっ早い人という印象を持たれます。

77
ビジネス心理編

# 好きな色にはその人の性格があらわれる

あなたの好きな色と嫌いな色を思い浮かべてみてください。好きな色はあなたの願望や欲求を、嫌いな色は過去の経験をあらわしています。

スイスの心理学者マックス・ルッシャーは、8色の中から被験者に好きな色を選ばせることによって、その人の潜在意識や性格などを判定するカラーテストを考案しました。

その結果、好きな色は願望や欲求を、嫌いな色は過去の経験を、そしてどちらでもない色は現在の生活をあらわしていることがわかりました。

つまり、ボスや取引先の担当者の好きな色がわかれば、彼らの性格や願望、欲求を知ることができるということになります。色の意味は次の通りです。

①赤　情熱の象徴の赤を好む人は、欲望や願望に溢《あふ》れています。野心家であり、

上昇志向が強く、そのために積極的に行動するタイプです。仕事のできる人が多い反面、熱くなりやすく思ったことをズバズバ口に出してしまうため、相手と衝突することもあります。

**②黄色**　暖かさ、明朗さなどをあらわす色です。黄色が好きな人は変化を好み、理想を追い求める勤勉家です。ただし、頑張りすぎが災いし、周囲になじめなくなることがあります。

**③青色**　穏やかな海を象徴する色で、物静かな性格、女らしいことをあらわします。この色が好きな人は、安定した性格の持ち主が多く、周囲の人との信頼関係に気を配り、礼儀を大切にします。ただし、人のことを気にしすぎて消極的になりすぎることもあるようです。

**④緑色**　堅固さ、自負心、優越感などをあらわしています。この色が好きな人には、我慢強く、堅実な考え方の持ち主が多いようです。ただし、緑色好きの男性の話は面白味に欠ける傾向があります。

**⑤紫色**　神秘的で感覚的、エロチックなものをあらわす色です。この色が好き

な人は、繊細で感受性が強く、ロマンチストなタイプ。想像力も豊かな人が多いようです。ただし、複雑な性格をあらわす色でもあります。

**⑥茶色**　煖炉《だんろ》、家庭など、安定や安全性をあらわす色です。この色が好きな人は協調性があり、人付き合いのいいタイプです。ただし、ときとして自説を曲げようとしない頑固な一面を見せることもあります。

**⑦黒**　拒否、断念、不安などをあらわす色です。この色が好きな人は、思うようにならない現状を変えようと努力するタイプ。しかし、飽きっぽい面ももったいぶった面があります。

**⑧灰色**　白でも黒でもないあいまいな色です。この色が好きな人は、優柔不断の傾向があります。自己中心的なところもあり、「わが道を行く」タイプです。

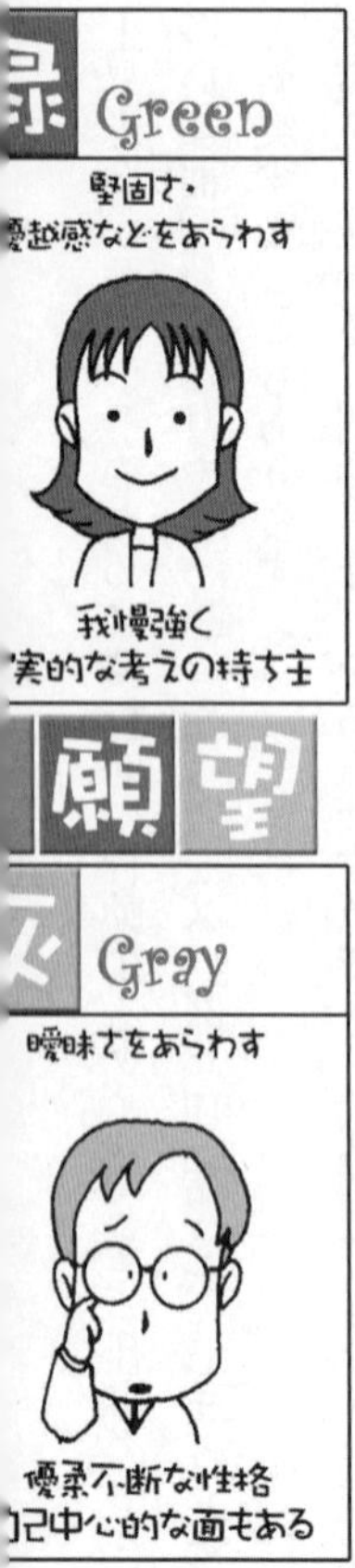

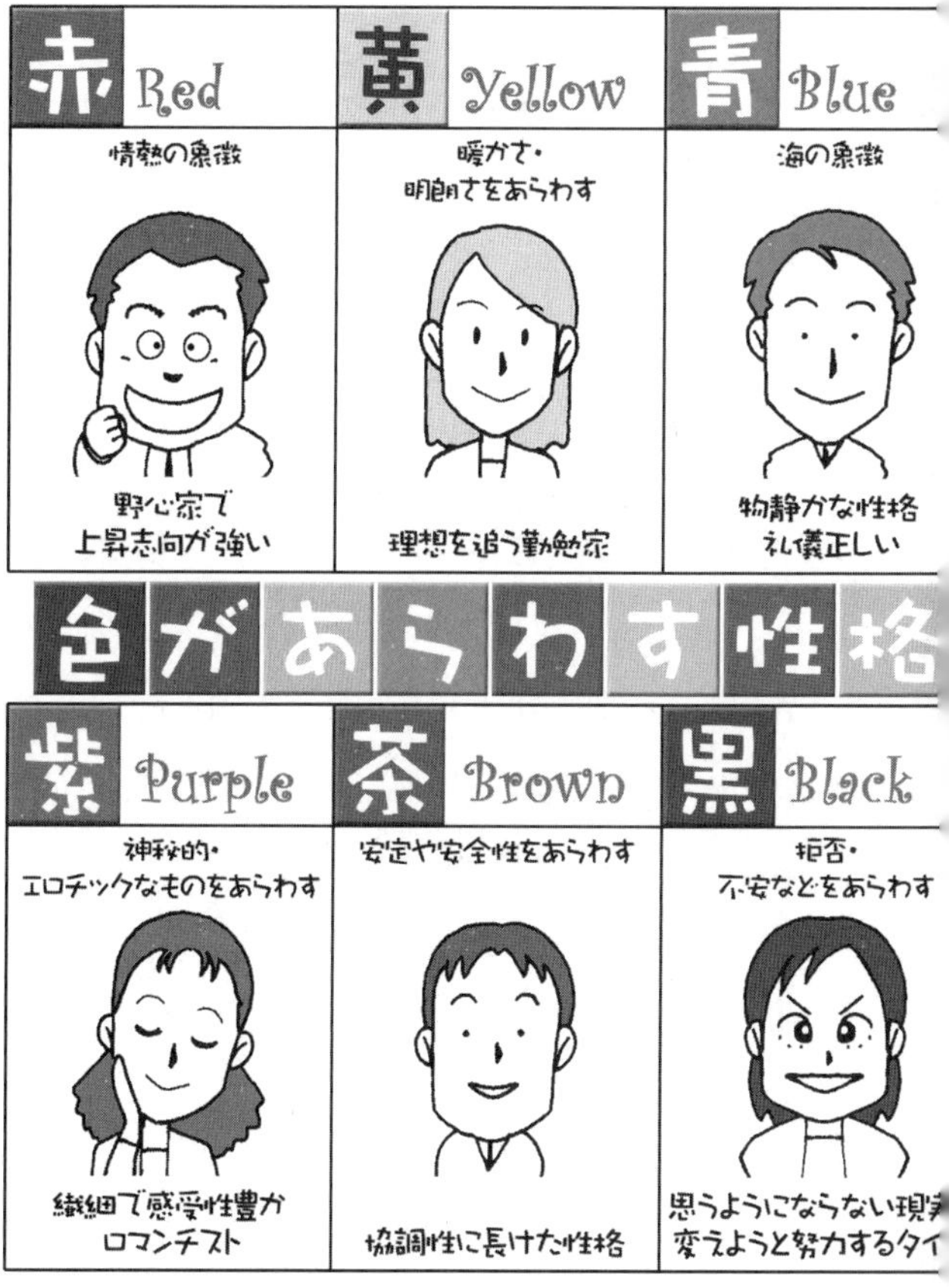
赤 Red
情熱の象徴
野心家で
上昇志向が強い
黄 Yellow
暖かさ・
明朗さをあらわす
理想を追う勤勉家
青 Blue
海の象徴
物静かな性格
礼儀正しい
色があらわす性格
紫 Purple
神秘的・
エロチックなものをあらわす
繊細で感受性豊か
ロマンチスト
茶 Brown
安定や安全性をあらわす
協調性に長けた性格
黒 Black
拒否・
不安などをあらわす
思うようにならない現
変えようと努力するタイ

続いて嫌いな色があらわしている彼の気持ちは次の通りです。

**赤が嫌い**　俺の努力は報われていないという挫折感、無力感を示しています。

**黄色が嫌い**　いまの生活に失望していたり、夢や希望を失った過去があります。

**青色が嫌い**　自分はこの世で一番不幸な人間だと考えています。

**緑色が嫌い**　自分が認められないのは、周りの人たちに見る目がないからだと考えています。

**紫色が嫌い**　周囲に反感を持っていて、孤独感や疎外感を感じています。

**茶色が嫌い**　みんなに認めてもらいたい、目立ちたいと考えています。

**黒が嫌い**　すべてに対して否定的。自分の考え以外を排除しようとしています。

**灰色が嫌い**　毎日の生活が単調で、刺激を求めています。

また、色の好みは国や性別、そして年齢などによっても異なることがわかっています。たとえば日本人の場合、女性は紫から赤にかけての色が好きで、男性は青系の色を好む傾向にあります。さらに年齢を重ねるにつれ、明るく鮮やかな色から暗く渋い色に好みは変化していきます。

78
ビジネス心理編

# 相手から大切な話を聞き出すとっておきのテクニック

どうしても相手から話を聞き出さなくてはならないときに効果的なのが軽いタッチングです。
反対に、絶対にやってはいけないのは「反論」です。

本当に契約してくれるつもりはあるのか、ギリギリの値段はいくらなのか、ライバル会社は何と言ってきているのか……などなど、取引先の担当者から聞き出したいことはいくらでもあります。そんなとき、どうすれば相手を饒舌《じょうぜつ》にすることができるのでしょうか？

アメリカの心理学者S・M・ジェラートは、次の4パターンで被験者に話を聞き、どれくらい自分のことについて語るかを調べました。

①聞き手はうなずいたり「ええ」「なるほど」と言うだけでひたすら被験者の話を聞く。

②聞き手は椅子に腰掛けるとき、被験者の体に軽く触り、うなずいたり相づちをうちながら話を聞く。

③被験者が話す前に聞き手の方から自分自身のことを話し、うなずいたり相づちをうちながら話を聞く。

④聞き手が座るときに被験者の体に軽く触れ、先に自分自身のことを話す。

結果は④の場合が最も自分自身のことを語るということがわかりました。

また、聞き手が被験者の体に触れたり、先に自分自身のことを話しだ

いやぁ最近調子が悪くて
咳が止まらないんですよ
医者もはっきりしたこと
言ってくれないし…
まぁ、座ってくださいよ
自己開示
えっ、あっ
出直して
来ますううう
ゴホ
ゴホ
タッチング

したとき、相手から最も好感を持たれました。

つまり相手の話を聞きだすためには、相手に軽く接触すること（タッチング）と136ページでも触れた「自己開示」が効果的ということになります。

もうひとつ、相手が話しやすくするためには、相手の言うことに「共感する」「否定しない」「受け入れる」こと。

「しかし」「それは違う」といちいち反論されていたらしゃべる気をなくしますよね。つまり、その逆を行なえば相手の口はどんどん軽くなるということ。

具体的には、相手が「最近、ウチの業界も景気が悪くて」と言った場合、「悪いですよね」と相手の言葉を繰り返すのが基本です。そうすれば、相手は自分のことを「受け入れてくれている」「共感してくれていると」感じて饒舌になります。

79
ビジネス心理編

# 相手の視線を追えば何を考えているのかわかる

**人は考えていることによって視線の向きに変化が出ます。わざとらしくあなたから視線をそらす人は、あなたのことを嫌っています。さっさと退散しましょう。**

1週間前の夕食に何を食べたか思い出してみてください。

この問いに答えようとしたとき、あなたの瞳は左上を向いていたはずです。

「神経言語プログラミング」という研究によれば、私たちの目の動きと思考には深い関係があることがわかっています。たとえば、

**①目が左上を向いているとき**（あなたから見ると右上になります。以下同じ）

過去に体験したことなどを思い出しています。

**②目が右上を向いているとき**

いままでに見たことのない光景や、未来のでき事を想像しています。

目の向きでわかる相手の思考内容
左上
過去のことを思い出している
右上
未来のことなどを想像
左下
聴覚的なことをイメージ
右下
身体的なことをイメージ

**③左下を向いているとき**

音楽や声を聴いているような聴覚的なイメージを持っています。

**④右下を向いているとき**

身体的な苦痛に耐えているときのような身体的なイメージを持っています。

**⑤視線を合わせてくる**

あなたに対する関心が強い証しです。あなたが何を考えているのかが読み取ろうとしています。

**⑥わざとらしく視線をそらす**

目が合いそうになると視線をそらす人は、つまらない、早く会話を終えたいと思っています。もし、視線の外し方がわざとらしい場合には、あなたに嫌悪感を持っている証拠です。

**⑦視線を合わせようとしない**

想像できますが、あなたを嫌っている証拠です。誰と話すときにも視線を合わせない人は、他人に批判されることを強く恐れています。

**⑧視線を上向きにする**

考えをまとめているときの視線です。ただし、あなたと話し合っていることについて考えているかどうかはわかりません。

**⑨上目遣いに見る**

自信がなく戸惑っている状態です。あなたに頼りたいと思っていますが、強い視線の場合には、あなたに反感や怒りを感じています。

**⑩まばたきを頻繁にする**

緊張や不安を抱えている状態です。ウソをついている可能性が高いといえるでしょう。

80

ビジネス心理編

# ウソ笑いは口と目に注目すればわかる

**相手がウソ笑いをしているときは、ぶすっとしているときよりもよほどまずい状況です。一刻も早くウソ笑いの兆候をキャッチして、対策を練りましょう。**

みなさんも経験があるでしょうが、面白くもないのに笑顔をつくることがあります。そのときの気持ちを思い返してみてください。面白いどころか、不安や呆《あき》れ、動揺など、ふつう笑顔を浮かべるのと正反対の気持ちがあったはずです。

それはあなたが話している相手も同じこと。ウソ笑いをされているということは、あなたにとってあまりよい状況ではありませんから、一刻も早くそれを察知して、その場から退散する必要があります。

ウソ笑いを見破るためには、口と目に注目しましょう。心理学の初歩の初歩

本当の笑い
最初に口
その後に
目が笑う
ウソ笑い
目と口が
同時に笑う
片方の口許が
歪んでいる

ですが、心から楽しいと思ったときには、まず口が笑い、その後に目が笑います。しかし、ウソ笑いのときには口と目がほぼ同時に笑います。

ウソ笑いのことを指して「目が笑ってない」と言いますが、これも正解です。喜びの表情の90％は口の周辺だけで表現できます。つまり、口さえ笑っていれば、一応笑顔に見えるということ。人は無意識のうちにそのことを知っていて、口だけで笑いを表現しようとするのです。

また、人類学者の香原志勢氏は「情緒的な表情は左右対称になり、意識的または意図的な表情は左右非対称になる」と言っています。たしかにウソ笑いのなかには片方の口許を歪めるというのもありますよね。相手が左右非対称な笑いを見せたら、それはウソ笑いと考えてよいでしょう。

上司に呼びつけられたときには顔ばかりではなく手の動きにも注意しましょう。一見にこやかに話していても、上司の手が机の上で微動だにしなかったら、それは彼が怒っている証拠です。笑顔だからといって調子に乗って軽口を叩いていると、とんでもないことになります。

そのほかにも、唇をかみしめていたり、歯を食いしばりあごの筋肉をあからさまに動かしている、舌をほおの内側に押し付けている、などの表情を見せるのは、彼にとって受け入れがたいことが起きているということです。

81
ビジネス心理編

# 商談の行方は、相手の座り方で90％わかる

商談するときには相手の座り方もチェックしておくこと。
浅く座ったときには残念ながら望み薄。
あまり熱くならず、ダメもとで話を進めてみましょう。

ほとんどの場合、商談は椅子に座って行なわれます。そのとき、相手がどのような座り方をしたかで、その商談がうまいくかどうかが、だいたいわかります。

まず、相手がどのように近付いてくるかを観察してみましょう。ゆっくり近付いてくるときには怒りを、視線を合わせずに早足で歩いてくるときには、あなたがどんな人物かわからずおびえています。

次に、椅子に深く座るか浅く座るかをチェックしましょう。もし浅く座ったらちょっと期待薄です。彼は一刻でも早くあなたとの商談を切り上げて、自分

の席や会社へ戻りたいと思っています。もし、この状態で上半身を乗り出してきたら、あなたのことを逆に説得してやろうと思っている証拠です。いずれにせよ、いい条件で商談は進みそうにありません。

椅子に深く座ってくれるのは「ゆっくり話を聞きたい」と思っている証しです。そんな相手にはじっくりと説明しましょう。

次にチェックしたいのが、脚の動きです。電車の中でもよく見かけますが、脚を大きく広げて座っている人は、「なわばり」を広く取ろうと

しています。権威主義的で虚勢を張ろうとしていますから、あまり気分よく交渉はできないかもしれません。

反対に、脚を固く閉じている人は、不安や緊張を感じています。そのような人には、不安を取り除く説明をしましょう。

脚を組んで座る人の場合は2パターンに分かれます。固く脚を組んでいる人の場合は「もうこれ以上話したくない」という気持ちをあらわしています。残念ながら時間の無駄。商談は早めに切り上げた方がいいでしょう。

反対に、軽く脚を組んでいる場合には、リラックスして話を聞いている証拠です。同様に、脚を軽く開いて座っている場合も、あなたの話を好意的に聞こうとしています。

もし、相手が貧乏ゆすりをし始めたら「早く話を終わらせてほしい」というサインです。

82
ビジネス心理編

# 商談中の手の動きで相手のイエス・ノーを読み取る

商談相手があごを撫でたらイエスのサイン。ただし、両手であごを支えたらノーのサイン。注意深く観察してこの微妙な違いをキャッチしましょう。

表情や脚だけではなく、手の動きでも相手のイエス、ノーを読み取ることができます。まず、イエスを示す代表的な手の動きは次の通りです。

①あごを手でさする
②テーブルの上に両手を広げて置く。
③テーブルの上の灰皿などを脇にどかす。

①は話に満足していることを示すしぐさです。②はリラックスしてあなたの話を聞いている証拠。反対に手を握りしめている場合には緊張していてノーという意志をあらわしています。③はあなたとの間にある障害物を取り除きたい

と思っているしぐさです。
それに対し、ノーを示す代表的な手の動きは次の通りです。
④握りこぶしをつくる。
⑤両手を頭の後ろで組む。
⑥両手であごを支える。
⑦テーブルの上をコツコツと叩き続ける。
⑧テーブルの上の灰皿などにさかんに触れ、置き直す。
⑨指先で額の真ん中を押す。
①と⑥、③と⑧など、イエスとノーのしぐさが似通っている場合もありますから、じっくりと観察して取り違えないようにしてください。

83
ビジネス心理編

# 机の上が汚い人は仕事で同じミスを繰り返す

**机はその人の心をあらわす鏡です。物が散乱している人は、心の中も支離滅裂。いま、自分が何をやっているのかさえわからない始末です。**

何度注意しても机の上をきれいにできない人がいます。そんな人は「机が汚いやつほど仕事ができるんだ」とうそぶきますが、心理学的に見ると、とてもそうは思えません。

机の上が汚い人は、おおざっぱな性格で、仕事上のミスも多い傾向があります。しかも、そのミスを教訓としないため、何度も同じミスを繰り返します。当然、会社での評価もあまり高くありませんが、同僚からの評判はいいようです。

反対に、いつも机の上がきれいに片付いている人は、頑固で義理堅い性格。

狭く深く人と付き合うタイプの人です。
ただし、机の上がきれいでも引き出しの中が乱雑な人は、開けっぴろげで外向的です。

家族の写真やキャラクターグッズなど、仕事に関係のない物を机の上にたくさん置いている人は、個性派ですが協調性に欠けています。そのため、周囲の評価もまっぷたつに分かれています。

机の上のレイアウトを頻繁に変える人は、向上心はあるものの移り気な人。原因のわからないイライラを抱えているため、仕事に集中できないタイプでもあります。

# 84

ビジネス心理編

## 会議・商談は四角いメガネで「デキる」印象を与える

人は丸い顔に親しみを覚え、細面の顔に冷静さを感じ取ります。
もしあなたが丸い顔なら四角いメガネを、
細面なら丸いメガネをかけてイメージを一新してみましょう。

数千円でメガネが買えるようになり、ＴＰＯに応じてかけかえている人も少なくないはずです。実はそれ、大正解です。なぜなら、人はメガネの形によって異なった印象を持つからです。

人の印象はほとんど目で決まります。人付き合いをする上で初対面の印象が大切なことは１８７ページでも触れた通りですから、メガネによるイメージづくりはとても大切です。

アメリカで、自動車ディーラーを訪れた人たちを対象にして行なわれたユニークな調査によると、車の魅力や値段交渉に応じるセールスマンの人は「丸顔」

丸型
優しさ
顔合わせ・打合わせ
四角
信頼
会議
商談
デザイナーズ
感性
クリエイティブな仕事
なし
安心感
接客業

が、車の技術面の説明をしてくれるエンジニアは「細面」の人の印象がよかったそうです。

人が顔の形から受けるこのような印象の違いをメガネに応用すると次のようになります。

**①会議や商談などで相手を説得しなくてはならない場合**

角張ったフレームのメガネをかけて、細面の顔に抱く「信頼」や「信憑性」を前面に押し出しましょう。

とくに、丸顔の人はビジネスシーンでは頼りなく見られることが多いため、四角いフレームのメガネをかけて「デキる」印象を与えるようにすると効果的です。

**②格式張らない顔合わせや打ち合わせのとき**

丸型のフレームのメガネをかけて、優しそうで人当たりのよい印象を与えるようにしましょう。とくに細面の人は、クールに見られがちですので、商談のときにも丸みのあるメガネをかけるといいでしょう。

**③デザイナーやプロデューサーなど、感性を売り物にしている場合**

最新流行のデザインや、一風変わったフレームのメガネをかけ、相手に「ほかの人とは違う」というイメージを植えつけましょう。

**④接客業の場合**

できればメガネなしがいいでしょう。人の印象は目で決まります。メガネをして目のまわりがよく見えなくなると、人は不安を感じます。あなたの目の表情を充分に見せることによって、お客さんは安心感を得られるのです。

85

ビジネス心理編

# 話をうやむやにしたいときは直接会って話すとよい

とんでもない失敗をしてしまったとき、あなたはどうしますか?
お詫びは電話で済ませたいと思う気持ちはよくわかりますが、それは逆効果。会うことが許しの早道です。

仕事でミスを犯し、取引先にとんでもない迷惑をかけてしまったとき、みなさんならどう謝りますか?

できれば相手の顔は見たくありませんよね。面と向かえば何を言われるかわかりません。電話で「申し訳ありません」と言って済ませたい……そうお思いの方、多いでしょうね。

しかし実際には、話をごまかしたかったりうやむやにしたい場合には、電話よりも直接会って話す方が効果的です。

最近はテレビ電話を持っている人もいらっしゃいますが、基本的に電話で相手の顔は見えません。見えませんから、よけいな感情や情報が伝わらず、話の内容が正確に伝わります。仕事のミスを報告する場合にも、なぜ、どうして、誰のせいでいつそうなったのかということを、すべて話さなければ相手は納得してくれません。

それに対し、会って話す場合には、相手はあなたの表情を間近で見ることになります。そうすることによって、相手は話の内容よりも先に、あなたの申し訳なさそうな表情や涙を浮かべた瞳などを受け入れてしまいます。悪い言い方をすれば、その分

電話で話す
会って話す
すみません
でした！
そんなに
言うなら・・
ごめんなさい・・・
ふざけ
ないで！

だけ、話をうやむやにしたり相手をごまかしたりすることができるのです。

電話では激高していたが、直接会ってみると思ったほど怒られなかった……そんな経験をなさったことありませんか？　電話は顔が見えないから、ストレートに怒りを爆発させることができますが、恐縮している人を目の前にしてそれほど怒ることのできる人はそういません。

人はミスをすると、迷惑をかけた相手に会わずに何とかしようと考えるものですが、それは逆効果です。

ただし、恋愛関係のトラブルを解決したいときに会うのは逆効果です。せっかく仲直りしようと思って会っても、疑心暗鬼になっていますから、相手の目の動きや表情が気になって、話があらぬ方向へ進んでいってしまうこともあります。

86
ビジネス心理編

# 出世願望の強さは持っている傘を見ればわかる

あなたの上司はどんな傘を持っていますか？　もし、高級なブランド物の傘を持っているとしたら、出世欲が強い証拠。どこまでも一緒について行きましょう。

中心的な人物のところへ寄り集まることを「傘下《さんか》」といいます。また、傘をさせば自分の姿はその中に隠れ、傘自体が自分をあらわすことになります。このことからもわかるように、心理学的に見て傘は権力や権威の象徴と考えられています。

最近は百円ショップでもずいぶんと立派な傘が買えるようになりました。そんな時代にブランド物の傘や、見るからに高価な傘を持っている人は、必然的に人の目を集めます。もし、あなたの上司や先輩がそんな傘を持っていたら、権力指向や出世願望が強いと考えられます。あなたが出世したいと考えている

ビニール傘
=
出世願望
弱い
ブランド傘
=
出世欲旺盛

なら、こんな上司についていくといいでしょう。

ただし他人に見えない部分、たとえば柄に細密な彫刻が施されていたり、傘の内側に星座表が描かれている傘を持っている場合には、自分で楽しむために買ったと考えられます。これは、権力への憧れではなく、自分の世界を大切にしている人といえます。

雨が降りそうな雲行きでも傘を持たないで出かけたり、いつもビニール傘で済ませている人は、権力に縛られず出世願望もあまりない人です。

柔軟な考え方ができる人ですが、その反面、行き当たりばったりで物事に対処する傾向がありますから、そんな人を上司に持つと振り回されるかもしれません。

また、傘を電車やお店に置き忘れる人は、単に忘れっぽいだけではなく、「拡散的思考」の持ち主と考えられます。拡散的思考とは、電車やお店に入るとそこにあるさまざまな物や音などに興味をひかれること。この思考を持っている人は、創造的で新しい発想を生み出すのが得意です。デザイナーを探すなら、傘をよく忘れるかどうか聞くといいかもしれません。

それに対し、めったに傘を忘れない人は「集中的思考」の持ち主です。合理的かつ論理的な人で、順序立てて物事を考える傾向があります。経理をまかせるならぴったりの人です。

87
ビジネス心理編

# ネクタイの趣味でわかる男の願望と精神年齢

**ネクタイはサラリーマンの気持ちをあらわす唯一のアイテム。上司や彼氏がしているネクタイを見れば、彼らの精神年齢が面白いようにわかります。**

みなさんは、街角でビジネスマンを見かけたとき、服装のなかでどこに目がいくでしょうか？　おそらくネクタイではないでしょうか。誰もがみな同じようなビジネススーツを着ているなかで、唯一個性を発揮できるアイテムですから、当然といえば当然です。

個性を発揮できるということは、他人に自分をどう見せたいかを語っていると考えてよいでしょう。

**①無地やストライプ、しかも地味な色**　常識的な考えの持ち主で、「大人っぽく」「仕事ができる」ように自分のことを見せようとしています。

**②派手な柄もの**　自己主張が強いタイプです。自分は「積極的」だといいたい場合が多いようです。気の小さい人が、それを隠そうとして選ぶ場合もありますから要注意です。

**③水玉模様のネクタイ**　自分は「穏やかな性格」「調和の取れた性格」といいたい人が選びます。穏和なタイプですが、優柔不断のところもあります。

**④アニメのキャラクターや動物の模様**　「他人とは違う」「わかってくれなくてもいい」と、他人を突き放したいあらわれです。他人に対し厳し

ネクタイの柄が語る男の願望
●無地(ストライプ)
「大人」に見せたい
●柄もの
「積極性」をアピール
●水玉
「穏和さ」をアピール
●動物(キャラクター)模様
「他人とは違う」ことをアピール

い評価を下す傾向がありますから、このネクタイの人とうまくやっていくのは難しいかもしれません。

ところで、人は成長するにしたがって、興味の対象が次のように変化していきます。幼児期「動物」→青年期「植物」→晩年期「石」。

つまり年をとるにつれ、より無機質なものに興味の対象が移るということです。このことから、次のようにも判断できます。

**アニメ、動物柄**　子どもっぽいところがあり、思いつきで行動しやすいタイプ。精神状態が一定していない場合もあります。

**ペイズリー柄**　とても若々しく、やる気が満ち溢れているタイプ。動きのある柄を選ぶ人は精神の充実をあらわしています。

**幾何学的で規則的な模様**　内向的な性格で変化を嫌うタイプ。老成していて、孤独を好みます。

88
ビジネス心理編

# 腕組みをしている人は内心不安でいっぱい

腕組みをして偉そうにふんぞり返っている人がいます。威勢は張っていますが、実は彼の心のなかは不安でいっぱい。できれば誰かに抱きしめてもらいたいと思っているのです。

よく男性は胸の前で腕組みをします。一見すると横柄なポーズに思えますが、心理学的にみると、実は内心不安でいっぱいです。

人は不安になったり精神的に傷ついたとき、近くにいる人の体に触れようとします。みなさんも雷や地震が起きたとき、無意識のうちに近くの人の腕をつかんだことがあるはずです。

まわりに誰もいないとき、または何らかの理由で他人に触れることができないとき、人は自分に触れようとします。その代表的な動作が「腕組み」です。腕の組み方が固く、深いほど、その欲求は深いと考えられます。

腕組みのポーズをよく見ると、自分自身を抱きしめているように見えませんか？　寒いときにも類似のポーズをすることから、これは心理的な寒さ、つまり不安やつらさに耐えていると考えられます。

ただし、商談中にこのポーズをされた場合は、自分を守り、相手を閉め出そうとしている自己防衛のポーズととることができます。つまり、体であなたの話に「ノー」と言ってるということ。これ以上交渉、商談を続けても期待薄と考えた方がよいでしょう。

89
ビジネス心理編

# 机をコツコツ叩きながら電話をする人は怒りっぽい

電話をしながら無意味なメモを書き続ける人は、現状に強い不満や不安を持っている証拠。あれは一種の貧乏ゆすりだったのです。


あなたの上司や同僚は電話をしながら何をしていますか？

ときどき、電話をしながらメモ帳にデタラメな図形を書いている人がいます。電話が終わる頃にはメモ帳が真っ黒に塗りつぶされていることもあるようですが、これは一種の「貧乏ゆすり」です。自分の置かれている現状や、他人に対し腹立たしいことや心配事、不安があることをあらわしています。

指やボールペンで机を叩きながら電話をしている人も、同様に不満や不安を抱えています。さらにこのタイプの人は、怒りっぽいところもありますから、接し方には注意が必要です。

メモを取りながら電話をしている人は、生真面目で用意周到な人。ただし、生真面目すぎてまわりが息苦しく感じることもあります。

ただし、電話の途中であたふたとメモ帳を探す人は、落ち着きがなく、何事も行き当たりばったりで進めるタイプです。

電話中におじぎをしている人を見かけますが、その人は気の小さい正直者です。ウソが言えないタイプですから、極秘情報を聞き出すなら、この人にアタックするといいかもしれません。

90
ビジネス心理編

# 時計を気にする人に対しては単純明快な報告を心がける

いつも時間を気にしている上司は「タイプA」の人間。常にストレスに晒されているため、高血圧や心臓病が心配です。定期的に健康診断することを勧めてあげましょう。

同じ状況におかれても、時間を気にする人としない人がいます。

アメリカの心理学者メイヤー・フリードマンによれば、しょっちゅう時計を見て時間を気にする人は「タイプA」の性格の持ち主ということになります。「タイプA」の人は、野心的で精力的な性格の持ち主です。多くの仕事に巻き込まれていて、常に時間に追われているという切迫感を持っています。時間に追われているという意識が強いため、しょっちゅう時間をたしかめてしまうのです。

「タイプA」の人はダラダラするのが嫌いですから、仕事の報告や商談なども、

もっと手みじかに
言えないのか?!
あの件
なんですが…
4:00

最初に要点をまとめておいて手短に話すようにしましょう。

「タイプA」の人は、自らストレスの多い生活を選んでいるにもかかわらず、そのことを自覚していません。そのため高血圧や心疾患に襲われることが多いといわれています。もし、あなた自身が「タイプA」だとしたら、必ず定期検診を受けるようにしてくださいね。

商談中に相手が時計を気にしだしたら、それは「早く話を切り上げたい」「この場から早く立ち去りたい」と思っている証拠。これ以上、説得を続けてもプラスはないでしょう。

普段はさほど時間を気にしないXさんがやけに時間を気にすることがあります。そんなときにはXさんが強度のストレスに晒されているということ。君子危うきに近寄らず、そんなときにXさんに近付くと、ろくなことがありません。

一方、時間をほとんど気にしない人は「タイプB」の性格の持ち主です。のんびりやで細かいことは気にしません。野心もあまりないため、「人生ほどほど」「出世しなくてもいいや」と思っています。上昇志向の強いあなたにとっては、ちょっと頼りない上司かもしれません。

のんびりやですから、ストレスも少なく「タイプB」の人が虚血性心疾患になる確率は「タイプA」の人の半分だそうです。

# 91

ビジネス心理編

## 取引先の相手を名前で呼びかけると仕事がうまくいく

あなたは取引先の担当者を会社名で呼んでいませんか？名前で呼んであげれば、仕事の効率はみるみるアップ。おまけにあなたに対する好感度までアップします。

日本にはビジネスにおいて個人の名前をなるべく出さない、口に出すのをできるだけ避ける習慣があります。

〇〇部長は単に部長と呼ばれ、取引先の△△商事の＊＊さんは「△△商事さん」と会社名で呼ばれることが多いようです。

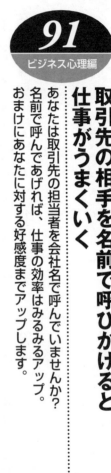

日本人は名前を呼ばれることに不快感を感じるのでしょうか？　そんなことはありません。たとえば、一度来てくれたお客さんを名前で呼ぶことにしたゴルフ場やホテルにはリピーターが増えることがわかっています。

人は自分の名前を呼ばれることによって、特別な存在として扱われている気になり、気分をよくします。ホテルやレストランといった客商売だけではなく、どのような仕事でも相手を名前で呼ぶことはプラスの効果を生むはずです。

初対面で名刺交換をしたときに「＊＊さんと呼ばせていただいてもいいですか？」と聞いてみましょう。女性からそう聞かれて断わる人はまずいないはずです。

しかし呼び方には注意してください。たとえ男性が年下だとしても、女性から「○○君」と呼ばれるのはあまりいい気がしないものです。

92

ビジネス心理編

# 商談中、インパクトのあるデータはいつ見せればよい？

**商談を進める方法には「クライマックス法」と「アンチクライマックス法」の2パターンがあります。常に両方のプレゼンテーションを用意しておくのがデキる女です。**

通常、商談はさまざまなデータを見せながら進みます。あなたの手元には、いくつかのデータに交じってひとつだけインパクトのあるデータがあります。さて、これを最も効果的に使うためにはいつ見せればよいのでしょうか？

それは相手がどの程度、この商談に興味を持っているかによって異なります。

もし、相手があなたの話に興味を示してくれているようなら、最初に基礎的なデータを示して足場をしっかり固め、インパクトのあるデータは最後に見せましょう。これを「クライマックス法」といい、余韻を残したまま話を終えることができる最もポピュラーな方法です。

相手があまりあなたの話に興味を示していないようだったら、インパクトのあるデータを真っ先に見せ、興味を引きつけます。これを「アンチクライマックス法」といいます。この方法を使えば、その後の説明もきちんと聞いてくれるはずです。

相手がどのような反応を示すか事前にわからず商談に臨むときにはクライマックス法とアンチクライマックス法、2タイプのシナリオを用意しておくとよいでしょう。

# 93 ビジネス心理編

# あなたを叱る態度でわかる上司のよしあし

**あなたがミスをしたとき、上司はどんな怒り方をしましたか？ その怒り方で上司が、あなたをどう見ているかがわかるのです。知りたいからといってわざと怒られる必要はありませんが……。**

誰だってミスはします。もちろん、あなただって。そんなときには落ち込まずに、上司の権威主義度がどの程度なのか知るチャンスだと思ってください。部下を怒るときに、人は心をさらけ出すのです。

まず、自分は座り、あなたを立たせたまま叱るタイプ。学生時代のことを思い出してみてください。イタズラをして職員室へ呼び出されたとき、こんな怒られ方をしませんでしたか？　そう、これは教師が生徒を叱るときによく見られるタイプです。自分とあなたのポジションは大きくかけ離れていて、絶対的だと思っています。つまり、あなたは子ども扱いで、同じ会社の仲間とは見ていないということ。

このタイプの上司は、怒るときの口調は穏やかですが、だからといってあなたの意見や弁明を聞いてくれるわけではありません。話は淡々と彼のペースで進み、一方的な小言を聞かされるだけ。しかも、このタイプの小言は長く続くことが多いので始末に負えません。

一見よさそうな人ですが、こんな上司の下で働いていては、いつまでも一人前として見てもらえません。

次に、応接セットなどにあなたのことを座らせ、自分も座って叱る上司。このタイプの上司であれば、あなたはラッキーです。

2人で同じ椅子に座るということは、同じ目線で話すことになります。つまり、地位や年齢ではなく、自分と同じ仕事をしている人間としてあなたに対峙する気持ちがあるということ。

上司然として怒らないのは、自分の力に自信があり、地位をひけらかす必要を感じていないから。あなたが他の誰かから理不尽な扱いや評価を受けた場合、彼は異を唱えてくれるでしょう。

女性の場合、どうしても力を過小評価されがちですが、こんな上司ならあなたの力を正当に評価してくれているはずです。

また、つかつかとあなたのところへ近付いてきて、あなたを座らせたまま見下ろして怒る上司もいます。目線の位置は地位確認のあらわれでもありますから、こんな上司は上下関係を強く意識するタイプ。自分があなたの上司であることを再確認させるため、見下ろしながら怒ろうとするのです。

非常に権威主義度の強い人で、部下には威圧的な態度をとりますが、上司にはめっぽう弱いタイプ。出世願望がとても強い人で、そのためなら手段を選びません。あなたの前で上司に媚《こ》びても恥ずかしいとは思いません。

あなたに力があるとわかれば、仕事をまかせてくれますが、その成果をすべて独り占めにされる可能性もありますから、注意が必要です。

自分と同じ仕事をしている人間として、部下に対峙する気持ちのある人。自分に自信があり、地位をひけらかす必要を感じていない。

同じ目線で？

上から？

権威主義の強い人で、部下には威圧的な態度をとるが、上司にはめっぽう弱いタイプ。出世願望がとても強い人。

下から？

自分と部下のポジションは大きくかけ離れていて、自分を絶対だと思っている。部下を子ども扱いし、同じ会社の仲間とは見ていない。

上司の叱り方……

94
ビジネス心理編

# あいまいな返事しかしない人は、自分の方が偉いと思っている

あなたが意見を求めたとき上司は即答してくれましたか？
もしあいまいな答えに終始しているようなら、
彼はあなたのことを見下している証拠です。

「課長、次のプロジェクトの件なんですが」

「あ、あぁ……」

「A案にしますか、それともB案にしますか？」

「どうだろうなぁ……」

何らかの指示を仰ごうと相談しても、はっきりとした答えをせず、あいまいな返事しかしてくれない上司がいます。

「早く決めていただかないと間に合いません！」

などと迫ろうものなら、逆ギレされる始末。

「どっちの店にする？」

「どっちにしようかなぁ」

　プライベートでもこんなシーンによく出くわすことがよくあります。どうして彼らは簡単な答えにも即答しようとしないのでしょうか？

　このように、あなたが聞いたことにはっきりと答えず、あいまいな生返事を繰り返す男性は、心のどこかで「お前よりも俺の方が偉いんだ」と思っています。つまり、あなたを見下しているということ。

　打ち合わせの時間を決めるときのことを思い返してみてください。ほ

とんどの場合、時間を決めるのは上位に立っている人の方です。下位の人が決める場合にも、必ず相手（上位者）の意向をたしかめるはずです。

お得意様に「＊＊君、いまから来てくれないかな」と言われれば、デートの約束を反故《ほご》にして向かうことだってあるはずです。

このように、下位者の行動が上位者によって決定づけられることを「従属の効果」といいます。このことに基づいて考えてみると、あなたにあいまいな言葉で答えた男性の心理がよくわかります。

あなたの発言にすぐ答えると、男性はあなたに行動を決定づけられたような印象を受けます。行動を決定づけられたということは、あなたの方が上位者ということになります。

そんなことは許せません。そこで、彼らはあいまいな返事をするということによってあなたを待たせ、自分が上位者だということを主張しているのです。

95
ビジネス心理編

# 重要な会議や面接のときには手首に輪ゴムをかけておく

**緊張して実力の半分も発揮できないと悩んでいる人は、手首に輪ゴムを巻いておきましょう。いざというときにパチンと弾けば、緊張は飛んでいってくれます。**

人は強い緊張状態になると、パニックを引き起こします。パニックを起こすと思うように声が出なくなることがあります。映画などではパニックシーンで必ず女性が悲鳴を上げていますが、実際にはしんと静まりかえるはずです。

エレベーターの中で偶然、社長や好きな人と2人きりになってしまったとき、緊張のあまり無言になり、挨拶もできなかったりしますよね。あれがパニック状態です。

もし、あなたがひどく緊張する（パニックに陥りやすい）タイプだとしたら、重要な会議や面接に挑むときには手首に輪ゴムを巻いておきましょう。

体がこわばり、口の中がカラカラに乾いてきたら、手首の輪ゴムをパチンとはじくのです。痛みが走ることによって気分転換することができ、パニックから脱出することができます。面接のときや手首が露わになっているときには輪ゴムをはじくことができないでしょうが、パニック対策を準備しているというだけで緊張は緩和されます。

これは、パニックに陥る神経回路パターンを停止するための「ストップ！法」と呼ばれる予防策のひとつです。

96
ビジネス心理編

# 女性は無意識のうちに成功することを拒絶している

**女性は社会的に成功することよりも、成功によって生じるデメリットを先に考える傾向があります。女社長も珍しくないいま、チャンスは逃さないようにしましょう。**

女性には、ときとして成功をわざと避けようとする心理が働くことがあります。

アメリカの心理学者アブラハム・マズローによれば、出世をしたい、有名になりたいという欲求のことを「社会的承認欲求」といいます。これはまわりから認められて尊敬されたいという欲求のことで、一般的に女性よりも男性の方が強く、だから女性は男性ほど出世争いに必死になることができないのです。

出世をしたり有名になった場合、プライバシーが損なわれる、まわりからねたまれるなどのデメリットもあります。米国の女性心理学者マティーナ・ホーナーの行なった実験によれば、女性は成功した場合に発生する不利益を考え、成功を回避しようとする傾向が強いことがわかっています。

このように成功を回避しようとすることを「成功回避行動」といい、とくにライバルが男性の場合に強くなることがわかっています。

みなさんも成功するチャンスをみすみす逃していませんか？　最近は女性社長も珍しくない時代です。ライバルが男性だからといって、一歩引く必要はないのです。

97

ビジネス心理編

# 使うテーブルの形で会議の行方が予測できる

アイデアを持ち寄りたいときには丸いテーブルを使い、結論を出したいときには四角いテーブルを使う。こうすれば会議は驚くほどスムーズに進みます。

ベトナム戦争終結時、アメリカと北ベトナムが和平交渉をするに当たって、使用するテーブルの形を巡って8カ月以上も議論が続いたことがありました。テーブルの形は和平交渉の行方を左右するほど人間の心理に影響を及ぼすということを両国ともに知っていたからです。

たとえば円形のテーブルを使って会議を行なうと出席者の上下関係や対立関係が薄れ、和気あいあいとした雰囲気で自由に発言しやすくなります。つまり、新企画を考える場合などには円形のテーブルが適しています。

ただし、円形のテーブルを使うとリーダーシップが取りにくくなり、会議の

結論を出しにくくなるという欠点もあります。A、Bどちらかに結論をまとめたいとき、上下関係を明らかにしつつ会議を進行したいという場合には、四角いテーブルを利用すべきでしょう。

ところで前述の和平会談では、すったもんだのあげく、白線のように見えるテーブルクロスが中央に敷かれた楕円形のテーブルが使われました。つまり両国は、友好関係を望んではいるものの、まだ大きな一線を越えるわけにはいかないということを表現したかったのです。

98
ビジネス心理編

# お客さんの足が止まったら声をかけるチャンス

接客のコツは相手の動きに注目すること。
立ち止まり、ひとつの商品に注目したら声をかけるチャンス。
腕組みをしているお客さんには申し訳ありませんの一言を。

お客さんが店へ入ってきた瞬間に近付き「何かお探しですか」と言うと煙たがられますし、いつまでも遠巻きにしていると「サービスが悪いわね」と怒られる始末。ベテランの販売員さんなら、お客さんに声をかけるタイミングを熟知しているでしょうが、ビギナーにはどのタイミングで声をかけていいのかわかりません。そこで、お客さんの行動と声をかけるタイミングについてご紹介しておきましょう。

お客さんが店へ入ってきて、歩き回りながらいろいろな棚の商品を触っているときは干渉せずにおきましょう。買う商品が決まっていませんから、お客さんもそれを望んでいます。

足が止まり、興味の対象がひとつの商品に定まったときが声をかけるチャンスです。

商品を手にとっていなくても、きょろきょろし始めたら、お客さんは販売員に声をかけられることを待っています。

腕組みをして落ち着かない様子のお客さんは、声をかけられずにイライラしています。一刻も早く声をかけ、指摘される前に「お待たせして申し訳ございませんでした」と、気づくのが遅れたことを詫びましょう。

99
ビジネス心理編

# 会議は着席したときからすでに始まっている

会議で主導権を握りたいときには上座キープが基本です。人は無意識のうちに上座に座った人の意見を聞いてしまうもの。ただし、あなたの真向かいに座った人には要注意！

会議をスムーズかつ有利にすすめるためには席次に細心の注意が必要です。

次ページのイラストをご覧ください。

もし、あなたが会議を仕切りたい、自分の都合のいいように進めたいと思っているのであれば、迷わず①の席に座りましょう。ここは一般的に「上座」といわれている席です。人は潜在的に「上座＝リーダーが座る席＝その席に座った人に従うべき」と意識していて、本来は座る資格のない人でも、上座に座ると意見が通りやすくなったり、リーダーシップを取ることができるようになります。

会議を円満に終わらせたいなら、意見が対立する2人を真正面に座らせないことです。

アメリカの心理学者スティンザーは、小集団の生態を研究した結果、「スティンザー効果」と呼ばれるいくつかの傾向を導き出しました。そのひとつに「かつて論議を闘わせた相手が参加する会議では、その人の正面に座りたがる」傾向があることがわかっています。そんな2人は②と⑦など、対角線上のできるだけ距離が離れた場所に座らせるようにしましょう。

それでも効果がなかったら、隣り合わせに座らせてしまいましょう。隣り同士で議論を闘わせるのは難しいものです。

あなたが⑧の席に座っているとき、ほかの席が空いているにもかかわらず③に座る人がいたら、それはあなたの意見に反論しようと考えている証拠です。対抗策を考えておきましょう。

スティンザーによると「ある発言が終わったとき、次に発言するのは、その意見の反対者の場合が多い」とのこと。あなたが有利になる意見が誰かの口から出たら、反対意見を述べられる前に賛成意見を述べ、賛成者が多いということを反対者に印象付けておきましょう。

また、⑥や⑦の席に座る人は、参加意識が低く、発言する気がほとんどない人です。もし、そのような人に発言させたい場合には、②や⑨の席に移動してもらいましょう。

## ■参考文献

『「仕事ができる人」はこう動く』（渋谷昌三／新講社）
『心理学講義―人間関係を円滑に、そして心のやすらぎを得るためにらくらく入門塾』（渋谷昌三／ナツメ社）
『見た目だけで相手のココロがわかる本』（渋谷昌三／双葉社）
『男の深層心理―本音を読み取り愛を勝ち取る心理テクニック』（渋谷昌三／はまの出版）
『しぐさで人の気持ちをつかむ技術』（渋谷昌三／PHP研究所）
『すぐに使える！ 心理学』（渋谷昌三／PHP研究所）
『人間心理のタネ明かし』（渋谷昌三・清水きよみ／メディアファクトリー）
『恋のからくり心理学』（渋谷昌三・渋谷園枝／河出書房新社）
『気になる相手の気持ちが一瞬でわかる本』（渋谷昌三／アーク出版）
『恋愛心理の秘密』（渋谷昌三／大和書房）
『ふしぎな心理実験室』（渋谷昌三／河出書房新社）
『幸せをつかむ"気づき"の恋愛心理学』（渋谷昌三／アーク出版）
『「なぜか人に好かれる人」のたったこれだけの技術』（渋谷昌三／新講社）
『男と女の心理学―コツさえわかれば相手は振り向く』（渋谷昌三／西東社）
『母親の深層』（馬場謙一・福島彰・小川捷之・山中康裕／有斐閣）
『攻撃性の深層』（馬場謙一・福島彰・小川捷之・山中康裕／有斐閣）
『世界大百科事典』（平凡社）
『実例 心理学辞典』（フランク・J・ブルノー著　安田一郎訳／青土社）
『世界一わかりやすいフロイト教授の精神分析の本』（鈴木晶／三笠書房）
『心理臨床大事典』（氏原寛／培風館）
『必修1000　心理学基本用語集』（必修心理学用語編集グループ／啓明出版）
『別冊宝島974 図解 いっきにわかる！精神分析』（宝島社）
（順不同）

## ■監修者／編・著者紹介

### 監修＝渋谷昌三（しぶや・しょうぞう）

1946年神奈川県生まれ。学習院大学卒業後、東京都立大学大学院人文科学研究科心理学専攻博士課程修了。文学博士。山梨医科大学教授を経て、目白大学人間社会学部社会情報学科教授。非言語コミュニケーションを基礎にした「空間行動」という研究分野を開拓し、何気ない行動やしぐさから的確でわかりやすい心理分析を行なってくれる。雑誌やテレビなどでも活躍する行動派心理学者で、『恋愛トラブルの心理学』（大和書房）、『しぐさでわかる恋愛心理』（講談社）、『別冊宝島1074号 必ず誰かに話したくなる あの人の心を読み解く心理学』（小社刊）など、著書は数知れず。

### 編・著＝岡崎博之（おかざき・ひろゆき）

東京都生まれ。編集者を経てフリーライターとなる。水滸伝からドラッグの取材まで手がけるマルチライター。最新著書は『別冊宝島1074号 必ず誰かに話したくなる あの人の心を読み解く心理学』（小社刊）。

本書は、２００４年11月に小社より刊行した文庫『必ず誰かに話したくなる心理学99題』を改訂したものです。

宝島
SUGOI
文庫

新版 必ず誰かに話したくなる心理学 99題
（しんばん かならずだれかにはなしたくなるしんりがく 99だい）

2021年4月21日　第1刷発行

監　修　渋谷昌三
編著者　岡崎博之
発行人　蓮見清一
発行所　株式会社 宝島社
〒102-8388　東京都千代田区一番町25番地
電話：営業 03(3234)4621 ／編集 03(3239)0646
https://tkj.jp
印刷・製本　株式会社廣済堂


First published 2004 by Takarajimasha, Inc.
ISBN 978-4-299-01532-7